我家小孩没有“坏”情绪

3~12岁儿童情绪管理

米兰达◎著

中国妇女出版社

图书在版编目（CIP）数据

我家小孩没有“坏”情绪：3～12岁儿童情绪管理／米兰达著. -- 北京：中国妇女出版社, 2016.7

ISBN 978-7-5127-1308-6

Ⅰ.①我…　Ⅱ.①米…　Ⅲ.①儿童—情绪—自我控制　Ⅳ.①B844.1

中国版本图书馆CIP数据核字（2016）第117403号

项目合作：锐拓传媒 copyright@rightol.com

版权登记号：01-2016-3340

我家小孩没有“坏”情绪——3～12岁儿童情绪管理

作　　者：米兰达　著
责任编辑：陈　元
封面设计：尚世视觉
责任印制：王卫东
出版发行：中国妇女出版社
地　　址：北京东城区史家胡同甲24号　　邮政编码：100010
电　　话：（010）65133160（发行部）　　65133161（邮购）
网　　址：www.womenbooks.com.cn
经　　销：各地新华书店
印　　刷：北京通州皇家印刷厂
开　　本：150×230　1/16
印　　张：13.5
字　　数：129千字
版　　次：2016年7月第1版
印　　次：2016年7月第1次
印　　数：1-5000册
书　　号：ISBN 978-7-5127-1308-6
定　　价：30.00元

序言 preface

小小改变，换来大大竞争力

在美国的某所小学里，两个原本决定在操场以拳头解决问题的8岁男孩，后来坐在教室后面，同意由班上同学来调解他们的争执。

在某间医院里，一个9岁大的女孩在病房里正等着要进行化疗，但她却开心得乐不可支，因为她刚刚和护士及装扮成外星人的实习医生打完水枪大战。

在一场小学运动会上，一位父亲应学校辅导员的要求，轮流和他3个孩子进行两人三脚的游戏，而在过去将近一个月的练习过程中，家庭纷争和亲子冲突在不知不觉中渐渐消失。

这些孩子都受益于情绪控制和社会技巧的训练，有人因此把情绪智商称为“儿童心理学的革命”。

全美国现今有上百所学校，因为通过由同伴来仲裁纠纷的作为，使得学校电召父母、勒令退学、校园霸凌与暴力的事件明显减少。就医院而言，有越来越多的医院会经常利用小丑逗笑病童，因为幽默不仅有助于疏解病童的压力，更能实际刺激孩子的免疫系统，加速疗程。至于荣辱与共、讲求团队合作以争取胜利的合作游戏，更被证实能有效建立家庭的凝聚力，显著减少孩子的愤怒和侵略性。

拥有“高情绪智商”（EQ）和“高智商”是一样重要的。各项研究都证实，拥有高情绪智商技巧的孩子，会更快乐、更有自信、在学校表现更佳。这些技巧能为孩子打下良好的人格基础，使他们长大后成为负责任、有爱心、对社会有所贡献的人。

当然，有人会质疑，教导孩子情绪管理真的有那么重要吗？他们问：“难道情绪智商不是与生俱来的吗？”

答案是否定的。

许多科学家相信，人类情绪的演化主要是作为生存的机制：“害怕”可以保护我们免于伤害，并对危险提出预警；“愤怒”则有助于我们克服障碍、争取所需。与人为伴令我们感到愉快，还能够彼此保护，而且可能在这样的机缘中找到终身伴侣，繁衍下一代。“伤悲”则能帮助我们将离去的亲人唤回身边，或是让我们重新找到替代者。

本书所陈述与建议的各种教导孩子情绪管理的技巧，可以帮助你的孩子懂得使用更好的方式，来处理他们生活中的情绪压力。

当他们因为慌乱紧凑的生活而变得烦躁、易怒时，你可以教导他们认识并控制那些情绪；当因为治安不佳或是经常搬家而令孩子感觉遭到孤立，无法享受开放而彼此熟悉的小区时，你可以教导他们交友并维持友谊的社会技巧；当孩子因为父母离异或再婚而难过，或因面对新环境而感到不安，或对学校功课过于自满时，你都可以教导他们不同的EQ技巧，协助他们面对并克服成长过程中的各种问题。

通过日常生活中的各种经历开始练习好情绪，成功地帮孩子培养高情绪智商，建立情绪管理的技巧，让他们可以更早站在成功的起跑线上。

目录 contents

第1章

3~12岁，培养正向情绪的关键阶段

孩子闹情绪时，不需商量，直接下指令 / 002
孩子坚持自己的习惯时，应该尊重他 / 007
当“数到三”这句话的魔力消失时 / 012
即使孩子很听话，仍要随时提高警觉 / 016
把伸出去的手缩回来，要让孩子自己思考与行动 / 020
孩子懂得讨价还价时，父母的态度要更坚定 / 024
虚假、敷衍的赞美，对孩子才是真正的伤害 / 029
偶尔也要满足一下孩子的好胜心 / 034
孩子遇到困难想放弃时，要对他多抱一点儿期望 / 038

第2章

做到9个“不”，孩子就能知进退

孩子不需要十全十美的父母 / 044

学会和孩子如何相处 / 048

孩子发生小意外时，不要大惊小怪 / 052

不要随便对孩子作承诺 / 055

不要为了保护孩子而说“善意谎言” / 060

拒绝之后，一定要解释原因 / 064

不要凡事道歉，以免孩子缺乏挫折忍受力 / 068

不要因放不下身段，而逃避向孩子道歉 / 072

孩子爱问“为什么”，不必有问必答 / 076

第3章

做到9个“要”， 帮孩子储存竞争力

要教导孩子认知自己的情绪 / 084

要多些鼓励、少些责备 / 089

要教导孩子认知自我情绪，并尊重他人感受 / 093

要培养孩子有礼貌的好习惯 / 097

要教导孩子自己做决定的技巧 / 104

要对孩子的恐惧有同理心 / 110

适当放手，孩子才有学习独立的机会 / 114

要对孩子有加倍的耐心 / 120

要偶尔让步，让孩子得逞、任性一下 / 125

第4章

让孩子自律的7个诀窍

打骂虽有一时之效，却留下永远的负面影响 / 132
听到孩子说“我恨你”时，别太认真 / 137
一旦决定去上班，就不要觉得愧对孩子 / 142
规矩少又简单，才能发挥最大效果 / 147
孩子闯祸时，不要问“是谁做的” / 152
孩子口无遮拦时，别因难为情而责骂他 / 156
多赞美、不压迫，孩子就会少犯错 / 160

第5章

掌握8个高EQ技巧，让亲子关系更和谐

不对孩子进行人身攻击，才能培养其自尊心 / 166
孩子不会刻意犯错，别把他当恶棍管教 / 171
彻底执行规矩，孩子才能学会保护自己 / 176
事先提醒，可磨炼孩子应付失望的能力 / 180
漠视孩子的大呼小叫，他就会轻声细语 / 184
孩子在公共场所闹脾气时，父母绝不可妥协 / 187
减缓孩子刻意捣蛋、作乱的3绝招 / 190
情绪失控时，要给自己时间独处 / 195
附录　儿童情绪管理Q&A / 201

各项研究都证实，拥有高情绪智商技巧的孩子，会更快乐、更有自信，在幼儿园和学校表现更佳。这些技巧能为孩子打下良好的人格基础，使他们将来成为负责任、有爱心、对社会有所贡献的人。

第1章

3～12岁，培养正向情绪的关键阶段

孩子闹情绪时，不需商量，直接下指令

小瑞在卖场里逛累了。他就像大部分3岁孩子一样，无聊得开始调皮捣蛋。他把玩具区里货架上的玩具全都搬到地上，然后拿起一根塑料球棒，并把玩具小汽车当成棒球，用力地敲打。

妈妈见状，走过来说道："宝贝，别这样玩儿。你要不要坐到推车里呢？"

小瑞："我不要！"

妈妈："我看你一定是逛累了，我们回家睡觉，好不好啊？"

一听到妈妈要带他回家睡觉，小瑞立刻大闹脾气。不

过，这回妈妈终于变聪明了，一把抱起小瑞放在推车里，然后二话不说就离开了卖场。结果，还没走到停车场，他就已经累得睡着了。

孩子无法判断事情的轻重缓急，所以父母必须帮忙抉择

对许多个性较为敏感的父母而言，为了避免对孩子感到内疚，他们通常会轻声细语地与孩子沟通，而不是以强制的方式来命令孩子服从。不过，说真的，父母若采取权威式的硬性规定，也许对年幼的孩子有效，但青春期的孩子恐怕就不吃这一套了。

父母必须教导年幼的孩子懂分寸，培养自行抉择的能力，不过他的年纪还小，还无法判断是非与轻重，所以父母也必须让他了解："当有必要询问你的意见时，我自然会开口问你，其他时候你都得听我的。"

例如，孩子已经累了、必须休息，或者父母的时间明明已经来不及了，但是孩子这时偏偏就是不肯听话地坐进婴儿车里、不肯离开游乐场、不愿意放开他紧握在手里的心爱东西，父母在温和沟通的同时，也应该采取强制的行动，强行把孩子抱进婴儿车里、强迫他交出手中心爱的玩具，或者语

气温和但态度坚定地告诉孩子："我们现在回家睡觉吧！"或"我们现在要走了。"

请记住，你是爸爸（妈妈）、他是孩子，在他成年之前，家里的许多事由父母来决定，这是理所当然的事情。

孩子闹情绪时，不要请求地问："……好吗？"

在面对你的要求时，孩子若是以闹脾气、大哭大叫的方式回应，你该如何处理呢？为了让孩子学会控制情绪，同时明白父母不会对他的"闹情绪"妥协，这个时候，你就要对孩子采取极具约束力的方法——命令或强迫他配合你。这个方法绝对可以大大地减少你与孩子之间的争执纠缠，同时也会降低亲子冲突的频率，让你不必每天被孩子搞得筋疲力尽。

有位妈妈想尽办法让5岁的女儿小琳好好地吃饭，但女儿却是不停地把碗里的食物挖起来往空中撒，看着它们飞落到地板上，然后哈哈大笑了起来。妈妈只能疲累又无奈地摇头、叹气。

"宝贝，拜托别再玩食物了，好吗？"妈妈耐着性子请求。

“为什么不呢？这样很好玩儿啊！你看……”她又把食物撒向空中，并且咯咯地大笑。

“宝贝，食物是拿来吃的，不是拿来玩儿的。而且，你把食物撒得到处都是，看起来又脏又恶心。乖乖地吃饭，好吗？”妈妈这次的语气坚定了一些。

“我不要！我要玩儿！”女儿执拗地回答。

你看出这位妈妈的问题出在哪里了吗？显然，在遇到孩子无理取闹时，她的解决方法是，以“……好吗”的请求语气，要求女儿停止不当的行为，而不是让女儿知道那样的行为是不被容许的。

这位妈妈的语气只是在请求女儿的同意，并没有坚定地告诫或命令女儿停止无理的举动，所以女儿更以变本加厉的行为来反抗妈妈。

不懂得适时使用权威，等于在鼓励孩子捣蛋

当父母具有一定的权威时，不仅仅会让亲子之间生活更平顺、更安全，同时也可以让孩子免于因为必须不断地自行抉择，而觉得压力过于沉重。一般而言，年幼的孩子即使玩儿累了，通常也都不愿意坐回婴儿车里休息，因为他的情绪

正处于过度兴奋的状态，自然会越玩儿越疯，根本不去理会自己已经非常疲倦的事实。

在这种情况下，由于他的年纪还小，完全无法判断事情的轻重缓急，如果让他继续玩儿下去，很可能会发生意外。因此，父母此时必须帮助孩子做决定。

当你以请求的方式询问孩子的意愿，但孩子完全不理会你的意见时，你不但无法使孩子得到适当的休息，而且你的请求态度更是变相怂恿孩子捣蛋。这时，你最好的解决方法就是——拿出你的权威——要让孩子知道，在这个家里，并不是所有事情都必须采取民主制度，当你不想要孩子参与意见的时候，他就无法拥有“投票权”，不能讨价还价，只能你下指令，他照做。

以5岁的小琳为例，妈妈应该用具有约束力的方式回应女儿，简洁有力地告诉她：“你如果再把食物撒到空中，我就立刻把它收走。”

孩子坚持自己的习惯时，应该尊重他

对于年幼无知的孩子而言，这个世界是如此的陌生又复杂，如果所有事情都能有个规则可以遵循，他们的心情必定会觉得轻松一点儿。

例如，每天早上一睁开眼睛，妈妈便会对他说："早安，宝贝！"并且给他大大的拥抱与亲吻。然后，从他所熟悉的生活规则里，他知道：等到爸爸妈妈出门上班时，保姆就会出现在家里；在幼儿园里，每次游戏结束之后，老师就会给他们讲故事。

由于孩子的心思非常活泼、善变和纷乱，因此这些一成不变的习惯往往可以稳定孩子纷乱的思绪，避免他们承受太大的压力。

失去循序渐进的生活节奏，孩子会不知所措

绝大部分的孩子，都习惯也喜欢按部就班、井然有序的生活，有些孩子甚至会非常依赖这些习惯，一旦这种生活次序被打乱了，他们就会不知所措，并且慌乱地大闹脾气。

相信很多妈妈都有过这样的经验，当有一天你把孩子的三明治切成长方形，而非他平日习惯的三角形时，孩子的心里马上就会觉得不舒服，并且大声抗议或者拒吃，于是你只好为他换上另一个三角形的三明治，同时心里还不免诧异地想着，自己居然迁就一个3岁孩子毫无逻辑的要求。

面对孩子奇奇怪怪的生活习惯，父母在和他们相处的时候，必须有高度的耐心，才不会闹得双方都情绪失控。

例如，有些孩子睡觉时一定要抱着那条又旧又破、满是汗味的小毯子，当你出于卫生的考虑而为他换上一条新毯子时，他便大哭大闹地不肯睡觉；有些孩子吃饭时一定要使用某一特定的碗或特定的杯子，如果你因为太忙碌来不及清洗，而暂时把他的食物改放在其他碗里，或用不同的杯子装他的饮料、牛奶，他很可能会因此而大发脾气。

碰上这种情况时，父母难免会怀疑，难道他们不能体谅父母有多么忙碌吗？难道就不能变通或稍微忍耐一下吗？

熟悉的秩序与习惯让孩子有安全感

没错，这个年纪的孩子无法体谅父母因忙碌而没有时间洗碗，也不懂得变通与忍耐。因此，如果孩子非常固执，凡事都必须按照他既有的习惯来做，此时父母最好还是尽量迁就孩子的习惯。

因为，孩子必须循着自己熟悉的秩序与习惯才能有安全感。再者，他们也希望通过固定的程序，以便更清楚地掌控自己以及外在环境（包括父母在内）。尤其，当孩子承受较大的压力时——例如生病或是转换新环境的时候——会更需要凡事一板一眼，完全依照既有的习惯来行事。

面对孩子恼人又难缠的习惯，父母要注意的是，尽量别让孩子养成新的习惯，否则迟早每件事都会变得繁复得令你无法招架。

例如，孩子原本的睡前仪式是：喝牛奶→刷牙→听妈妈念一篇故事→妈妈亲他一下，然后他就愿意乖乖地入睡。但是，如果父母不加以阻止而让宝宝养成新的习惯，那么情况很可能会演变成：听妈妈念两篇故事→喝一口水→妈妈抱他两次→亲他三下，然后他才肯乖乖地躺下睡觉。

原本孩子只是通过简单的睡前仪式或习惯，达到减轻压力、放松心情的目的，让自己可以轻松入睡。但是，如果这些习惯最后却变成没完没了，惹得父母耐心全失，开始生气、愤怒，甚至抓狂，那就失去了这个仪式或习惯的初衷、原意，因此父母一定要坚定地告诉孩子，他的习惯必须适可而止。

孩子的新习惯或种种要求，有时只是想要指挥父母

有时候父母可以察觉出，孩子的种种要求并非真的有此需求，只是想对父母颐指气使。例如，孩子向父母要求喝水或饮料时，他其实并不是真的口渴，而是想要使唤大人。这时，父母不妨换个角度想想，平日对孩子的限制实在太多了，也难怪他会出现这样的行为。但是即便如此，你还是不可以让孩子就此得逞。想想看，如果孩子每天晚上在睡觉之前，都得先听完三篇故事，然后用自己最喜欢的杯子喝两杯水，相信任何父母可能都会对孩子的这些习惯感到十分厌烦。

遇到孩子出这种怪招时，父母可以多和孩子聊聊，而不是直接满足孩子的要求。例如，这个晚上你连续拒绝孩子的三个要求后，你很可能会看到他满脸委屈、泪眼汪汪的可怜模样。这时你可以和他玩个角色扮演的游戏，让他扮演爸爸（妈妈）的角色，而你则扮演孩子，让孩子通过这个游戏，实际体会一下不断被人要求的滋味。但是如果孩子拒绝玩这种游戏，也不可以强迫他。

照顾年幼的孩子，原本就必须具备高度的耐心，且懂得和孩子周旋的方法。当孩子不断烦你的时候，千万不可因此而抓狂，否则便中了孩子的圈套，因为不断提出各种要求把你惹到火冒三丈，正是他的乐趣之一。如果你表现得平静、有耐心，孩子一些恼人的习惯很快便会自然消失。

当“数到三”这句话的魔力消失时

“我要数到三喽”这句话真的非常神奇！几乎所有年幼的孩子，每当听到父母说出这句话时，都会立刻乖乖地停止任何正在进行中的危险行为。

这个方法之所以能够屡试不爽，主要的原因可能有二：一是因为人类天生就讨厌被人催促，而且孩子很清楚，假使在父母“数到三”时，自己还没有乖乖地坐进婴儿车里或是走进汽车的话，父母马上就会过来强制行动；二是孩子都喜欢测试父母的底线，而“三”就是父母的底线。

不过，这两种可能的原因都只是个人的推测，到目前为止，没有心理学家或教育专家研究出结果，因此，也没有人真正了解为何“我要数到三喽”这句话竟然有如此大的魔力。

过度使用“数到三”，会使它的魔力变弱

如果你的孩子每次一听见“我要数到三喽”这句话，就会像被制约似的，马上变成一个听话的小孩，那么请你务必要牢记，千万不可以过度使用这句话，以免它“深具威信、说到做到”的魔力变得越来越弱。

当你发现，在你数到“三”时，孩子并没有立刻乖乖听话，这时你就应该好好地自我反省，在你开口“数到三”之前，有没有仔细斟酌过自己讲话的内容。例如，你会真的执行你所说的话，把孩子的玩具丢到垃圾车里吗？你真的会去取消车票，不带孩子去爷爷奶奶家过年了吗？如果你无法言出必行地做到自己对孩子所订立的规则，那么就请你不要开口，否则你的“数到三”将不再有魔力。

一旦孩子看穿了你的伎俩，往后当你又开始数“一、二、三”时，他会认为你只是在虚张声势，对于你的“数到三”将会毫无反应。再者，你也生怕孩子会把你的“数到三”当作耳边风，而渐渐不再使用这个方法。

其实，过度使用这个方法，孩子终究会发现，原来父母根本无法说到做到。如果你发现自己每次在“数到三”时，都会默默祈祷孩子这次会乖乖听话，这就代表当你在警告孩子的时候，警告的内容已经过于夸张。父母必须牢记，当你在“数到三”警告孩子的时候，此举的动机应该是刺激孩子听话，但是警告的内容不能夸张到自己根本做不到，毕竟父母如果想要维持威信，讲过的话就一定要说到做到。

把“数到三”变成“数到十”

父母应该把“数到三”视为最后法宝，只有在所有的方法都无法让孩子乖乖听话时，才使用“数到三”这个方法。如果父母动不动就以“数到三”的方式来威胁孩子，这个方法迟早会因为使用过于频繁而失效，因此父母应该严格限制自己，每天最多威胁孩子一次，理想的情况是大人每周威胁孩子的次数不能超过三次。

似乎很多孩子都是数学天才，每每听到妈妈说：“我要数到三喽”时，他们就知道妈妈在念完“二”之后，接着一定还会再加入“二又四分之一”“二又四分之二”“二又四分之三”，或者甚至是从“二又八分之一”开始往下数。这些父母难道是想把自己的孩子培育成数学家吗？或者他们自己其实已经陷入进退两难的窘境了呢?

其实，这样的窘境是可以避免的。若你的孩子每次都会磨蹭比较久的时间才肯乖乖听话，你可以把“数到三”改成“数到五”或是“数到十”，但是千万不可以数到分数上面，以免让孩子觉得你只是在虚张声势，即使数到最后你的态度越来越严肃、音调越来越尖锐，孩子仍会心存侥幸地以为，父母不会真的惩罚自己。

即使孩子很听话，仍要随时提高警觉

也许你的孩子很听话，从来不会在马路上横冲直撞，在家里也不会顽皮捣蛋，从来不去乱碰电线与电器开关、不会打开橱柜、不乱动炉火，你从不需要为他操心。

但是，即使你的孩子一向听话，你仍必须随时留意他的一举一动，毕竟孩子还年幼、懵懂无知。这个年纪的孩子还不太懂得用大脑思考，而喜欢用手和脚来探索这个陌生的世界。

例如，你带孩子到朋友家参加聚会，当其他的妈妈们悠闲地喝咖啡、唠家常，她们年幼的孩子全部都在游戏间玩耍的时候，就只有你跟在自己孩子屁股后面丝毫不敢放松，而正当你才倒了杯饮料，想要坐下来稍微休息一下时，一转头，看到孩子正把手指伸进插座里，当你找来胶布将插座贴起来时，你的孩子却又跑到厨房里乱玩刀具。

同样的情景几乎会出现在每个家庭里，当然，所有的父母最期望的是，每次都能够有快乐的结局，而若要达到这个期望，父母就必须随时提高警觉，丝毫大意不得。

但这并不表示父母凡事都得神经紧绷地对着孩子大吼："小心！"因为父母一旦凡事过于紧张，有可能因此而抑制孩子冒险的精神。别忘了，你的主要目的，只是要保护孩子的安全。

事先预测孩子的行为，就不会把自己搞得神经紧张

在这里，我所谓的"随时提高警觉"，是指父母必须具有洞察先机的能力，当父母懂得事先预测孩子可能会发生的状况时，便能够在状况发生之前，立刻采取防范措施。

例如，当你带着年幼的孩子走在马路上，即使孩子平常非常听话、守规矩，没有横冲直撞、蹦蹦跳跳，但你还是必须防患于未然，牢牢牵住孩子的手。毕竟，"意外"，就是因为事情的发展完全出乎人们的意料与掌控。所以，我们也

才会经常看到或听到，许多父母总是在孩子受伤以后无辜地说道："他真的是一个很乖、很听话的孩子，他以前从来不会自己一个人跑到马路上。"

父母必须牢记：凡事总有第一次，而且孩子的发育速度总是快到令人不敢相信，所以，若是父母不能防患于未然，便可能因此而铸下大错。

某天，玉燕和好友在厨房喝咖啡聊天，由于一岁半的女儿还不太会走路，因此玉燕让她单独在客厅玩耍。当她才如释重负地告诉好友，好不容易熬到孩子一岁半了，自己终于可以轻松一点儿、睡眠够一点儿，不用每天半夜都得起床喂奶好几次的时候，忽然听到客厅里传来一声巨响，然后是女儿号啕大哭的声音。

玉燕和好友匆忙跑到客厅，看到原本在玩小熊玩偶的女儿此时正躺在客厅地上，一旁的地板上到处都是水和玻璃碎片。原来女儿爬上比她还大的小熊，抓着椅子，然后伸手想要把花瓶里的玫瑰花拿下来，插在小熊头上，却没料到因此打翻了玻璃花瓶。经历这个意外后，玉燕从此寸步不离地跟着女儿。

对于孩子来说，凡事总会有第一次，但是对于父母而言，却希望所有不好的事情永远都不要发生。如果你希望自己的孩子能够远离意外，那么就一定要随时提高警觉，而且要清楚孩子的行为模式，事先做好防备。

把伸出去的手缩回来，要让孩子自己思考与行动

当孩子年纪还小的时候，理所当然的，父母一定要随时提高警觉，留意孩子的一举一动，但是有时候也要适可而止，不能凡事都干涉太多。每个孩子都必须通过实际的生活经验学习成长，若父母过度保护孩子，反而让孩子失去了许多探索世界以及满足好奇心的机会。

当孩子甩开你的手，想要自己过马路时，你当然不能任由他自作主张；但是，当孩子想要自己穿衣服时，你应该让他自己去尝试、摸索和学习，除非孩子请求帮忙或失去耐性地闹脾气时，你才可以动手帮孩子穿衣服。

有些父母似乎天生就很喜欢无微不至地照顾孩子，但

这其实也正在剥夺孩子学习、成长的机会。这类型的父母一定要想办法克制自己的冲动，记得要把伸出去的手缩回来放到背后，很多时候，这样做才是真正地帮助、照顾孩子。

孩子企图尝试不熟练的事情时，要让他自己去摸索

在教育孩子的过程中，父母所面临的一个大的挑战是——不知道应该如何适当地回应孩子。

写字或画画的时候，3岁的孩子很希望你握着他的手、教他运笔，或帮他在画纸上涂颜料；但是，当他5岁的时候，他在写字时会挣脱你握着他运笔的手，会拒绝你帮他的画涂色。如果你执意要教他或帮他，他可能会气得哇哇大叫。

同样的道理，无论是倒牛奶、挤牙膏、穿衣服、穿鞋子、绑鞋带等，也许父母已经习惯帮孩子做这些事，但是很可能才一眨眼，孩子就急于想要自己动手尝试。父母的反应似乎永远比孩子的发育速度慢半拍，当你碰到类似的情况时，一定要赶紧向孩子道歉，并且牢牢记住，说不定再过两天，孩子就会开计算机了。

随着孩子的年纪越来越大，父母要记得继续遵循“把

伸出去的手缩回来”的原则，但这并不是要你对孩子袖手旁观，什么都不管，而是平时在和孩子相处的时候，除了要避免在行动上过度保护、照顾之外，还要尽量减少啰唆、唠叨的频率。父母一定要把双手放在背后，并且后退一步，放松心情，让孩子自己思考、自由行动、自行承担后果。

以引导、启发孩子的判断力，来代替直接帮助

当然，年幼的孩子不具有独立思考、判断的能力，所以父母不可以完全放手不管。把手缩回来并放到背后，是表示不再直接对孩子伸出援手，而改以引导、启发孩子思考、判断能力的方式，帮助他们继续成长。

当孩子坚持自己穿衣服、穿鞋子或绑鞋带，却因为怎么都做不好而发脾气或向你求助时，你也别急着帮忙。

当孩子带着问题或挫折向父母求助时，很多父母的反应是，直接告诉孩子解决的方法，好让孩子早点儿脱离痛苦。只是，这种做法只会导致两种不好的结果。第一，你剥夺了孩子自己找出答案的机会；第二，孩子会因此而对自己丧失信心，认为自己是一个没有能力解决问题并负责

的人。

鼓励孩子思考各种可能的选择，并协助他们评估这些选择的优缺点，他们就能够建立起自己的思考与判断模式。

孩子懂得讨价还价时，父母的态度要更坚定

如果你在孩子出生之后，就开始培养其独立自主的观念，那么当孩子到了四五岁时，对于很多事情应该都已经有了自己的意见。就培养孩子独立自主的角度来看，这种情况其实是一种好现象。不过这个时候，孩子也会开始懂得凡事都想跟你讨价还价。

例如，当你告诉孩子，等他把玩具收回箱子以后，就可以吃一颗糖时，孩子会要求吃“两颗”；当你说“两颗”时，他会要求“三颗”。最后，当你不想和孩子计较，干脆答应他的要求时，他又会进一步地要求说：“那些糖都好小，这样我很吃亏，所以我还可以再吃一颗，对不对？”

别让孩子讨价还价的行为没完没了

你的孩子已经懂得和你讨价还价了，应该恭喜你，因为从长远的角度来看，这种情况其实并不是一件坏事。毕竟，当孩子长大以后，你一定很希望孩子能够以文明的方式，争取他想要得到的东西；如果你平常总是和孩子单向沟通，孩子绝对无法学会讨价还价的技巧，最后总是以闹情绪的方式去满足他的需求。

从小便开始培养孩子自行抉择的习惯，这是正确的教育方向，但相对地，它也会产生副作用，就是孩子越来越会反驳你，而你所说的话也会变得越来越没有威信。

看到孩子已懂得如何和你讨价还价时，你也许会暗自窃笑，内心里会感到非常骄傲，知道自己已经成功培养出孩子的决断力。不过，你可别高兴得太早，因为孩子这种讨价还价的态度，可能会出乎你的意料，并且变得一发不可收拾，孩子除了会在糖果的数量上与你计较之外，还可能开始计较他每天可以看多久的电视，使用多久的计算机，甚至还管起你的事情来，规定你每天下班回家的时间。总之，事情很可能从此愈演愈烈。

别让孩子讨价还价的行为一发不可收拾

造成孩子无论任何事情都要和你不断争吵、讨价还价的原因可能有两种：一是父母的态度过于软弱，使得孩子完全不尊重大人的规定；二是父母的态度过于严厉，凡事吹毛求疵。但是，不管原因是什么，父母都应该立刻停止和孩子永无止境的讨价还价。

身为父母的你，如果天生就个性软弱，对孩子凡事用讲道理的方式沟通，那么，你可能就忽略了一个事实：虽然孩子凡事都喜欢自己做主，但是由于孩子的年纪还小，绝大部分时间还是得依赖父母来帮他拿主意。

如果你经常不自觉地纵容孩子，很难在孩子面前树立权威，那么你就得经常提醒自己，一味对孩子妥协的最后结果，往往对亲子双方都不会有任何好处。就以孩子要糖吃为例，当你满足了孩子的要求，让他吃了许多糖果，结果却导致他牙痛。

对于年幼的孩子讨价还价的情况，你必须了解并坚持的一个原则就是，孩子年纪还小，根本没有能力了解事情的是非轻重，只有你清楚怎么做才是对孩子最有利的，所以你绝对不要害怕会因此伤害孩子的自尊心。你的软弱态度可能会造成孩子继续自以为是的心态，只会让他将来遭遇更严重的伤害。

过度严厉也会逼孩子讨价还价

如果你对待孩子的态度一向过于严厉，毫无商量的余地，也等于是变相逼迫孩子跟你讨价还价。因此，当你发现自己经常和孩子为了小事情争执不休时，就该好好自我检讨一下。

如果你想在孩子面前树立权威，就不能任何事情都和孩子斤斤计较，若孩子的要求只是一些不重要的小事，你何不答应孩子的请求，让孩子拥有自我发挥的空间。只有在孩子的要求令你一时无法决定，不知道是否该答应孩子时，才婉转地告诉孩子："给我一点儿时间考虑一下。"

当孩子已经能够伶牙俐齿地讲话时，你不需要因为害怕自己无法掌控孩子，感觉自己的尊严备受威胁，而刻意摆出权威、严厉的姿态，你应该教导孩子如何以文明的方式，争取自己喜欢或是想要的东西。毕竟，当你的态度过于严厉时，孩子可能变得畏缩，不敢争取自己应有的权益，甚至日后在面对同事与上司时也是如此。

在教育过程中，父母必须不断修正自己的态度，时时提醒自己对于孩子不可过于软弱，但是也不能过分严苛。更重要的是，父母一定要了解，当你和孩子相处的时候，不是每件事情都可以讨价还价的。

虚假、敷衍的赞美，对孩子才是真正的伤害

舞蹈比赛日期将至，经过几个月的练习后，这天老师要同学们进行正式的彩排。老师指派怡珊和另一位同学示范连续三圈旋转的动作，另一位同学稳定且利落地完成了动作，然而轮到怡珊表演时，她却失去平衡地跌坐在地上，她虽然急忙站起来又试了一次，但依然重心不稳地差点儿又跌倒。还好其他同学还是对她报以热烈的掌声。

这一幕，怡珊的父亲在台下看得焦急不已。他知道女儿非常在意这次比赛，除了在学校的团体练习之外，每天在家里也都一再地重复练习每一个动作。他很担心如果这次女儿的表现失常，将会对她造成严重的打击，导致她的自尊心受到伤害。所以，当彩排结束后，他便跑到女儿身边，假装兴

奋地对女儿说："你表现得好棒喔！"他的口气仿佛怡珊的表演是队上最亮眼的一个。

事实上，怡珊刚才的表现确实很失常，不像另一位同学一样顺利完成连续三圈旋转的动作。更重要的是，她并未达成自己的期望，但是我们却很难责怪她的父亲昧着良心说话，毕竟父母都不想看到孩子懊恼和失望的神情，为了建立孩子的信心，他们不断地鼓励孩子，期望孩子因此而变得开朗、进取。

你的赞美是真心或假意，孩子能感觉出来

父母常常为了鼓励孩子、建立孩子的信心，而对孩子说出夸张的赞美之词，然而错误的赞美对孩子的伤害其实更深。

别以为你的任何赞美孩子都会照单全收、信以为真，当看到同伴杰出的表现时，他们其实都可以感觉出来，你对他到底是真的赞美还是随便敷衍。

例如，就读中学二年级的孩子热爱打篮球，加入学校的篮球队，但并非主力球员。这时，父母为了不打击孩子的热情，便会赞美他说："你篮球打得这么好，应该去打

NBA。”

这样的赞美孩子会真的相信吗？别忘了，你的孩子也是有判断力的，当然知道你这样的话太夸张了，因为他知道，自己在篮球校队里都还不是主力球员，怎么可能去打NBA？

孩子一听就知道父母的赞美根本就是谎言，而且还会因此而忍不住怀疑自己能力不够好，无法达到父母的期待（能够打NBA的程度）。最后他的结论是，父母并不是在鼓励自己，而是在暗示、讽刺自己的球技不佳。

过度赞美容易使孩子认不清事实与现实

建立孩子的自信心固然重要，但是这种自信必须建立在真实的基础之上。如果孩子从小养成沾沾自喜的习惯，那么这种完全脱离真实情况的自信，并非真正的自信，而是自大，这样反而会对孩子有害。一般来说，自大的人不但在同伴之间会受到排挤，也无法完全发挥自己的潜力。

不过，如果父母从来不赞美孩子，那么孩子在长期缺乏鼓励的情况下，恐怕也很难挑战困难的任务。所以，父母要不断地告诉孩子，爸爸妈妈非常爱他，永远会无条件地支持他，但是无论爱、鼓励或是支持，都与不实的赞美截然不同。

如果怡珊的父亲不论女儿表现得如何，都称赞她表现得非常“优秀”，久而久之女儿会信以为真，反而因此失去从错误中吸取教训的机会。再者，如果怡珊心知肚明父亲是在说假话，那么她很可能从此对父亲的任何赞美都半信半疑，即使她真的表现出色，也仍会不停怀疑自己的能力，以致无法建立自信心。

赞美孩子的努力与坚持，不要赞美成就

不过父母也没有必要为了强迫孩子认清事实与现实，就一直挑剔孩子的毛病。尤其，若父母故意指出孩子的表现比不上其他孩子时，很容易对孩子的心灵造成严重打击。

父母不该批评自己的孩子脚踏车骑得比小明差，字写得比小美丑；而应该让孩子跟自己比较，是不是脚踏车骑得越来越稳，字写得越来越工整。

即使孩子没有明显的进步，父母也不应责备他，反而更需要赞美他——赞美他努力的态度，而不是他的成就——如此才能让孩子获得继续努力、挑战困难的勇气。

以怡珊的父亲为例，他当下其实没有必要急着赞美女儿，更不该假装女儿的失常表现好似不曾发生过一样。他应

该以温暖、支持的态度代替赞美，关心地问道：“上台表演的感觉如何？”或“觉得自己表演得怎么样？”让女儿可以安心表达自己的情绪。

如果女儿显得失望或愤怒，他可以想办法帮助女儿化解负面情绪，并让她明白不论她表现得好与坏，父母都同样爱她，也为她的努力练习感到骄傲。鼓励她只要继续练习，一定会表现得更稳定、更优秀。等她在正式演出获得成功之后，她就会相信父亲的鼓励确实令她重拾了自信。

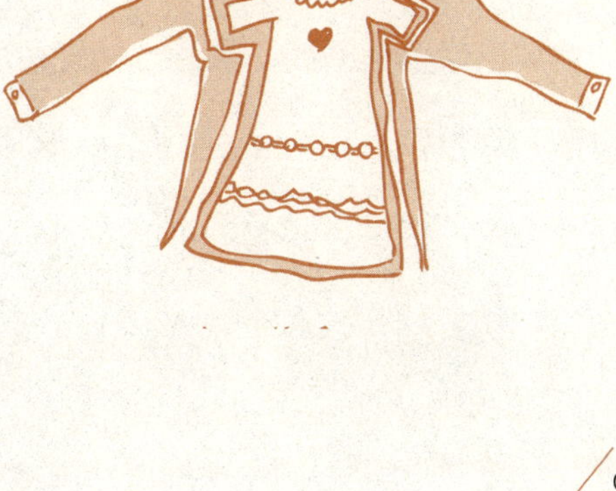

偶尔也要满足一下孩子的好胜心

一般而言，孩子大约到4岁的时候，才会出现明显的好胜心。在此之前，他们的生活里，只有自己以及周遭的大人，不会去注意外在的世界，也不会在乎谁比较厉害或者谁才是老大。

但是4岁之后，他们会开始注意外在的世界，并且随着自己的身体变得越来越强壮、心思越来越敏锐之后，渐渐地，他们会认为自己是万能的。

其实，这个年纪孩子的内心是充满矛盾的。他一方面充满自信，凡事以自我为中心；但另一方面他对这个世界却依旧存有莫名的恐惧，因此当自己表现得不如他人，或是年纪较大的孩子抢了自己的玩具时，他会变得非常难过。

当孩子因为“失败”情绪低落时，父母就要适时地教导孩子：“不必伤心，总有一天你会长大的，等到那时候，你也会变得很强大。”只不过，孩子通常很难把这些话听进去，因为对他而言，此时“输赢”是现实的，但“长大”却是抽象的。

当然，父母不能只是教导孩子“失败不气馁”的观念，也必须接受孩子“好胜的本性”，并将这个本性引导到正确的方向上。如果孩子好胜的欲望已经侵犯到别人的权益，例如抢夺别的孩子的玩具、为了赢得游戏而作弊，父母就必须立刻和孩子解释清楚游戏规则。

发现孩子不能接受失败时，可先让孩子停止游戏

发现孩子不能接受失败时，父母可以利用在家里与孩子一起玩耍时，把游戏的规则放宽一点儿。

对四五岁的孩子来说，输给自己的同伴是一件很难接受的事情，但是输给自己的父母则会令他们无法忍受。例如，在玩游戏的时候，孩子如果输给了妈妈，他可能会因此而大闹脾气，认为妈妈怎么可以“背叛”自己。

因此，当你和孩子一起游戏时，如果知道孩子有“输不起”的个性，那就干脆不要玩有“输赢”的游戏，再不然就故意让孩子“赢”。例如，当孩子提出想要和你比赛跑步时，你不妨故意跑慢一点儿，让孩子先抵达终点。

如果你的孩子自信满满地说，他是全班／全小学／全世界最厉害、最聪明的孩子时，你不需要批评、反驳他，或者和他争辩，只需耐心听他“吹牛”即可。因为，如果你在孩子正志得意满的时候，突然指出他的缺点或告诉他残忍的事实，除了会引发他的不满情绪外，更会打击他的自信心。

偶尔让孩子赖皮一下，可消除其沮丧情绪并继续努力

此外，父母也要在日常生活里，一点一滴教导4岁左右的孩子正确的“输赢”观念，让他明白，当他和父母玩比赛性的游戏时，偶尔偷看或赖皮并无所谓；但是，若他和朋友玩比赛性的游戏时，这些行为就叫作弊，是绝对不允许的。父母要让孩子明白，他想要“赢”，别的孩子也一样想要拿“第一”，所以每个人都应该公平地比赛。

你无须担心因为在家里容许孩子赖皮，孩子会因此而永远学不会运动精神。其实，偶尔让孩子赖皮一下，反而会激

励孩子更努力。因为，每个人都不免有灰心丧气的时候，而此时人们的内心就会有个声音告诉他们要加油，只要努力就一定可以克服困难，而这个声音往往出现在他们4岁的时候。

所以，如果你4岁的孩子非常在意“输赢”，不妨在亲子游戏中偶尔让他们赢一次，从而建立起他们的自信心。

孩子遇到困难想放弃时，要对他多抱一点儿期望

如果你的孩子努力地要把衣服的纽扣扣上，但奋战了老半天就是扣不上，终于，他生气地大叫：“我扣不起来！”这时你的回应会是：

回应一：“你已经长大了，怎么会扣不起来呢！”

回应二：“别生气，扣扣子本来就不容易啊。”

回应三：“没关系，我来帮你扣上。”

回应四：“再试试看，你一定可以扣上的。”

显然，回应一绝对不会是正确答案。

其余3个回应看起来好像都不错，但是哪个回应最能鼓励

孩子面对困难呢？当孩子气馁的时候，回应二最能对孩子表示同情之意；但就父母的立场而言，回应三——父母直接动手帮孩子扣上纽扣——最具效率又方便的方法。不过，若要鼓励孩子克服困难、学习新事物，那么回应四才是最佳的选择。

让孩子知道，自己若不努力，父母也不会伸手援助

有时候，父母为了不让孩子承受过重的压力，当看到孩子遇到困难想要放弃时，便不断地安慰或伸手帮助孩子解决困难，而不是鼓励孩子继续努力，并通过努力的过程帮助孩子建立自信心。

年幼的孩子碰到困难时，闹脾气、不断抱怨或是想要逃避都是难免的。此时，父母应该明确地告诉孩子：“如果你自己都不愿继续努力，爸爸妈妈是不会伸手帮助你的。”

只是在此之前，父母必须先明确地了解孩子的能力，若是高估了孩子的能力，而一味地鼓励他，只怕会让他觉得非常辛苦。只不过，绝大多数父母都低估了孩子的能力，认为孩子的年纪还小，尚不具有思考、解决问题的能力，所以凡事都帮他代劳。

不过，父母会低估孩子的能力其实也不足为奇，因为孩子的成长速度往往超出父母的认知。例如，孩子原本连笔都握不稳，谁知才几个月的时间，他就已经能够慢慢地写出自己的名字了。

仔细想想，孩子在学校与在家里的表现是否截然不同，果真如此，这就表示你已经低估了孩子的能力。例如，孩子在幼儿园里都是自行上厕所，但是在家里要上厕所时，你却总是先帮他脱裤子；又如他在幼儿园里都会听老师的指示，自己拿抹布擦拭桌椅，但在家里时，你却从不让他做任何家务。

父母低估孩子的能力，阻绝了孩子挑战困难的机会

为什么孩子在幼儿园里能独立完成许多工作，在家里却变得好像什么都不会？这也许是因为幼儿园的老师能客观地观察，并给孩子适当的机会挑战其能力，结果孩子真的挑战成功了。

由此可见，父母不妨多给孩子工作的机会，并鼓励他们尽力尝试，在经过不断努力尝试、技巧熟练之后，自然可以学会许多事情。

如果孩子挑战失败了，便鼓励他：“下一次你一定会做

得更好。”“没关系，爸爸妈妈知道你非常努力。”此时绝对忌讳以批评、责备的方式刺激孩子，当孩子无论如何都没办法把衣服穿好时，你不该对他说：“你都这么大了，怎么还不会自己穿衣服呢！”而应该鼓励他：“没关系，别心急。等你再长大一点儿，就可以像哥哥一样，穿得又快又整齐了。”

孩子有特殊天赋时，要让他去挑战潜能

如果孩子对某件事情有着浓厚兴趣，或具备某项特别的天赋，父母不妨鼓励孩子往其兴趣或天赋的方向发展，容许孩子沉迷于喜爱的事物，而且不必因为孩子的年龄小而有所限制。例如，大多数父母都会认为四五岁的孩子不可能懂棋艺，但当你发现自己的孩子对下棋有着浓厚的兴趣时，就请抛开“年龄恰不恰当”的问题，耐心地指导他下棋，开发他的棋艺潜能。

但是，并非每个孩子都能在父母的鼓励下显示出卓越的表现。其实，孩子表现好坏并非重点，真正重要的是，父母应该培养孩子好好享受投入兴趣、学习过程中的喜悦，并且灌输孩子努力不懈的精神。只要父母能够持续不断地鼓励、支持孩子，不论孩子是否具有独特的天赋，也都会有成功的一天，并且拥有一个辉煌灿烂的人生。

生活中，你只需是称职父母，不需十全十美；掌握和不同年龄孩子的相处之道；让孩子在遵守规矩的前提下，拥有一定的自由，才更有利于孩子的健康成长；在拒绝孩子之后，一定要解释原因，进而逐渐培养出孩子自己的判断能力。

第2章

做到9个“不”，孩子就能知进退

孩子不需要十全十美的父母

孩子在6岁以前，照顾起来是否让你觉得特别辛苦，甚至你因为总是笨手笨脚的，而怀疑自己是个不称职的爸爸（妈妈）呢？若你有这样的感觉是很正常的。教育孩子原本就是一项艰难的任务，所以大可不必如此忐忑不安，不妨试着放轻松一点儿。

没有任何一个爸爸（妈妈）不希望教育出快乐、有礼、自信、勇敢、高EQ的孩子，更期望自己的孩子能够拥有异禀的天赋。但与此同时，父母也会忧虑自己失败的特质将会遗传给孩子。虽然心中一直有着这样的忧虑，但是当孩子犯错时，父母很少会归咎于自己的遗传基因不好，反而认为自己没有尽到教育的责任。

想想看，如果你的孩子在计算机方面独具天赋，但有一天，他突然入侵到学校的计算机系统，任意篡改班上所有学生的考试成绩，这时为人父母的你便会开始不断地自责，努力地回想，过去自己是否在教育上有不当之举，想要找出自己到底哪里出了错。

父母很难不犯错，所以不必钻牛角尖

相信有很多父母都会在这种自责的钻牛角尖里转不出来。然而，其实自从孩子出生的那一天起，父母便会因为缺乏教育经验而开始摸索，但同时也不断地犯错。

例如，父母常常无法理解小宝宝为何哭泣。又如，妈妈带着学步中的宝宝到公园去玩耍，当她和其他一样拥有年幼孩子的母亲正热烈地交换养育心得时，突然听见砰的一声，转头一看，宝宝被其他孩子撞倒了，哭得一把鼻涕一把眼泪的；或者，孩子3岁进了幼儿园后，某天你因事耽误，赶到幼儿园接孩子时，老师早已下班离开，园里只剩下一名工作人员陪着孩子。孩子一看到你，立刻满脸怒气，责怪你为什么这么晚才来接他。

除了父母无法不犯错之外，另一个让你觉得自己不是完美父母的原因是：孩子对这个世界的是非对错一无所知，当父母做对了的时候，他毫无感觉；当父母犯了错的时候，他依旧是茫然。因此，当你犯了错以后，最重要的是赶紧弥补自己的错误，也就是心理学上所谓的“补救”。例如，看到宝宝被撞倒而痛得放声大哭时，你要急忙把他抱起来，并为自己的疏忽向他道歉，安抚他受惊吓的情绪。

你只需是称职父母，不需十全十美

由于父母无法避免不犯错，所以补救的行动也就会持续不断地进行。不过，你绝对不要以为一句简单的“抱歉”或补救的举动，就能抚平自己所有的错误，但是你也无须为此而钻牛角尖，觉得自己永远无法把孩子照顾好，永远做不到专家们口中的“完美父母”。

孩子不会因为你并非十全十美的父母而受伤，但是如果你不称职，当然还是会对孩子造成伤害。

因此，如果有一天你带着孩子外出旅游，却在上了火车好一会儿后，才想起忘了带孩子睡觉时一定要抱着的那条破旧小毯子。当你因为自责与内疚而安慰孩子时，请别忘了，即使孩子到了30岁，他依然会清楚地记得，自己曾经有几个晚上，因为没有那条破旧毯子的陪伴而哭闹不睡。但也正是因为这次的错误，孩子在长大以后会领悟到，你即使并非十全十美的父母，依旧会全心全意地疼爱他。

学会和孩子如何相处

全世界每年都有数以亿计的孩子出生，你实在无须忧愁你的孩子未来会交不到朋友，更没有必要把年幼的孩子当成朋友。若真的想和孩子交朋友，也必须等到他们进入青春期后，心智比较成熟，能够独立思考时，和他们做朋友才有利于沟通，也可以避免亲子之间发生冲突。

做年幼孩子的父母，做青春期孩子的朋友

若说有什么事情会让父母难免感到有点儿悲哀，那莫过于你明明非常深爱自己的孩子，却不能成为他们的朋友。其实，正确的说法应该是，在孩子年纪还小的时候，你不能总是妥协，给孩子无原则的爱；等到孩子进入青春期之后，要

想方设法和他们像朋友一样相处。

及早认清这个现实，才能帮助你接受现状——既然已经为人父母，你就必须开始规范自己，使自己成为孩子的榜样。你必须负起应尽的责任和义务，必须适度调整或牺牲自己所喜欢的生活方式，你还要永远保持朝气蓬勃、努力不懈的模样出现在孩子面前。简单地说，如果你希望孩子将来长大以后能够堂堂正正，那么现在你的言行举止，就必须像是正常的父母。

如果你想当正常的父母，就必须经常做出一些不受孩子欢迎的决定，例如规定孩子上床睡觉的时间、规定他刷牙洗脸、禁止他吃糖果与零食、强迫他一定要吃蔬菜、禁止他穿拖鞋上学……让孩子在遵守规矩的前提下，拥有一定的自由，才更有利于孩子的健康成长。

和孩子一起快乐玩耍，但也要讲究原则

通过陪伴孩子一起玩耍的情境，教导孩子认字数数或是灌输他正确的观念，学习吸收的情况往往会比较理想。也就是说，如果你能够把学习变成一件轻松愉快的事情，孩子会非常乐意接受父母的教诲。但是，如果你没有花时间陪伴孩

子一起玩耍，相信孩子也不太会听从你的话与要求。

对于年幼的孩子，父母无论如何都必须负起管理、教育、纠正的责任，为此，亲子之间如何快乐地一起玩耍，但是又要讲究一定的原则，就成为父母难以拿捏准确的界线与挑战。

其实，想要解决这个难题，只需好好地思考一下你的动机。例如，在你答应孩子可以吃垃圾食物的时候，是否当时孩子就可以吃？或者因为你不想扫孩子的兴，所以才勉为其难地答应？

如果你的动机属于后者，那么在当时你就应该理智地向孩子说“不”。而且无论孩子如何哀求或抗议，你都要坚持立场。从孩子的健康角度来想，我必须说你的孩子非常幸运，因为他有个懂得为孩子的健康着想的好爸爸（妈妈）。

与年幼的孩子发展出固定的互动模式

如果父母能够负起教育的责任，凡事以孩子的健全发展为目的，同时依旧保持和蔼的态度，亲子之间便会渐渐发展出信任的互动模式，而这个模式将会在日后孩子年纪渐长时发挥极大功效。

一般而言，孩子在进入青春期后，大多不愿与父母分享心事，但若他们对父母完全信任，当他们遇到难以解决的问题或困扰时，就会与父母分享，听取父母的意见。

在孩子成长的过程中，信任的互动模式是一个非常重要的安全机制，如果等到孩子长大了才想要努力建立这个机制，那就为时已晚了。因为，在孩子的心里，父母在自己生命中扮演的角色是从出生那一刻就开始的，你对待孩子的态度应该是在原则问题面前，要表现得强硬一点儿。

孩子发生小意外时，不要大惊小怪

小东正在学走路，他喜欢扶着家具往前走，但因为步伐还不稳，常常会重心不稳一屁股跌坐在地板上。妈妈生怕小东受伤，总是亦步亦趋地跟着，每次小东跌倒时，妈妈便急忙上前“救援”，迅速将小东抱起来，一脸忧虑地询问有没有受伤，然后疼惜地抱住他，安抚他的情绪。妈妈因为过度保护小东，而未好好利用机会，微笑地鼓励孩子学习跌倒了再站起来继续往前走的技巧。这不但导致小东学习比较慢，还会让小东养成依赖的个性。

在成长的过程中，孩子难免会受伤，而父母的责任便是，把孩子的受伤程度降到最低——最好是一瓶碘酒、一个创可贴，再加上一个亲吻，便可治愈孩子的身体与心灵伤痛。

当然，父母若要把孩子的受伤程度降到最低，先决条件便是做好各种安全防护措施，包括绝对不让孩子独处、居家环境安全、乘车安全等。一旦做好了万全准备后，父母便应该让孩子自由活动，千万不可以因为害怕发生意外，而限制孩子的行动。

分辨孩子是因受伤而哭，还是因受惊吓而掉泪

只有让孩子经历一次又一次的跌倒、然后站起来，他才能够逐渐培养出活动的能力与自信。但这并不表示你允许三四岁的孩子，去做一些诸如爬树等危险的举动。而是当孩子跌倒时，除非他真的受伤，否则身为父母的你实在没有必要大惊小怪。看到孩子因为跌倒而哭泣时，如果你仔细观察，以你对孩子情绪的了解，一定可以分辨出他是因真的非常疼痛而哭，或者只是因受到惊吓而掉泪。

通常，孩子在跌倒之后，并不会立刻爬起来，而是先观察父母的反应，如果父母此时显露出惊慌失措的神情，孩子会认为自己非常柔弱，于是立刻号啕大哭以讨父母的安抚；但若父母在见到孩子跌倒后，微笑着鼓励他：“没摔痛吧！

站起来！”孩子极可能相信自己并无大碍，哈哈一笑之后，立刻又站起来蹦蹦跳跳。

对任何举动都过度反应，会令孩子分不清行为的严重程度

孩子难免会摔跤，但是如果父母在一看到孩子摔倒以后，便惊慌失措地说道：“一定很痛，对不对！”如此反而会打击孩子的自信心。或者，当看到孩子在跑步时，父母便在一旁紧张地不断叮咛：“小心！小心！”孩子会把父母的警告视为恐惧的征兆，暗示着即将会发生不幸的事情，这样的心理阴影所造成的伤害，恐怕会比膝盖上流点儿血更严重。

最令父母感到恐惧的画面，莫过于抱着受伤的孩子，心急如焚地冲向医院急诊。也常常因为这类可怕的想象画面，而对孩子的小小意外过度反应。但是，父母必须在小心维护孩子安全，以及对孩子的小意外过度反应之间，取得一个适当的平衡点。

想想看，如果你对孩子的任何举动或小意外，都紧张兮兮地大呼小叫、再三提醒与警告，而当你看到孩子在桌椅跳上跳下，或到厨房里玩刀具、开炉火时，反应也如出一辙，孩子又该如何分辨出行为的危险性与严重程度呢？

不要随便对孩子作承诺

孩子的记性有时好像很差，例如，你一再叮咛他不可以和陌生人讲话，但他却总是对陌生人有问必答；你不停交代他不可以在马路上乱跑，他却经常甩开你的手，兴奋地横冲直撞。但有时又好到令人惊讶，例如，你为安抚孩子的情绪，便随口答应要带他去游乐园玩儿，他却永远清清楚楚记得这个承诺，常常问你何时要去游乐园玩儿。

几个月前，你带孩子去某旅游公司的办公大楼询问出国事宜，办公大楼里面，有个又宽又直的楼梯。原本因为又饿又累而一直闹脾气的5岁儿子，一看到楼梯扶手，立刻忘了疲累与饥饿，要求说："妈妈，我想去滑楼梯扶手。"

你毫不犹豫地回答："不行！那太危险了！"孩子大声抗议道："但是你答应过我的！而且现在又没什么人。哼，你都说话不算话！"

你的孩子的确没有说错。几个月前他想要从楼梯扶手上滑下来，就像电视上那些动作利落、漂亮的演员一样。但是你紧紧抓住儿子，并告诉他："现在人太多了，你这样做很危险，会伤到别人的。等下一次没有这么多人的时候，我保证一定会让你玩儿的。"还好，儿子看到其他新奇的东西，也就把滑楼梯扶手这件事立刻抛到脑后了。

当初你是因为害怕儿子会在大庭广众又哭又闹，所以才随意答应他下次可以滑楼梯扶手，没想到他居然一直记得这件事。

与年幼孩子的互信关系，原本就是单向的

与年幼孩子之间的亲子互信关系，原本就是单向的，因为孩子并不会记得他们说过什么话，也经常会说话不算话。例如，你问他明天早餐要吃什么？晚上他会告诉你要吃汉堡，到了早上他却说要吃三明治。又如，孩子会说假如让他先吃布丁，他就会乖乖地吃饭；只要再讲一个故事，他就会

闭上眼睛睡觉；他保证一定不会乱按电视、音响的开关……

但是，孩子很难控制自己的冲动，常常会忘记自己说过的话，而大人也绝对不该把孩子的童言童语视为承诺，并信以为真。事实上，孩子根本没有言出必行的观念，当然也就无法理解作了承诺就必须遵守的道理，而如果父母平日就没有信守承诺，孩子当然就更不可能了解要对自己说过的话负责。因此，父母一定要从自身做起，凡事都诚实、开明地面对孩子，随时养成言出必行的习惯。

不要为了安抚孩子或应付窘境而随口承诺

如果你只是为了安抚孩子或是暂时应付眼前的窘境，千万不可以随口就说："我保证……"碰上类似的情况，你不妨给孩子一些模棱两可的答案，例如，"等一会儿再说……""嗯，让我想一下再告诉你""等你再大一点儿的时候再告诉你……"等。

父母如果不能遵守承诺，迟早都会被孩子识破的，并且会因此感到困惑，渐渐对父母失去信心。所以，无论你对孩子作了什么承诺，不管承诺大小，都绝对不可以食言。

但是，无论父母如何信守承诺，总还是会碰到承诺无法兑现的时刻。例如，你已买好了游乐园的门票，没想到孩子却突然生病、上吐下泻，连走路的力气都没有，你只能放弃这次游玩活动。偏偏孩子无法理解，自己为什么不能去游乐园玩儿，他会大声地向你抗议："你答应我的！"

碰上类似的情况，父母除了只能把这件事视为生命里不可抗逆的一件事，同时也要让孩子明白爸爸妈妈不是万能的，现实有时候就是这么残酷。不过，只要父母能够尽可能地言出必行，孩子就不会因为一次突发状况使得父母无法信守承诺，便从此认定爸爸妈妈不守信用。

即使事后弥补，也无法抹去孩子对父母的不信任感

父母若心口不一地随意敷衍孩子，并以为事后弥补便能挽回孩子对自己的信任，那就错了。因为即使你事后想再弥补，孩子依然会认为大人不守信用。

例如，孩子每次看到恐龙玩具就吵着要买，但你因家里已经有了很多同样的玩具而拒绝，结果每次都换来他大闹脾气，于是你便对他说："下次再说吧。""这家的玩具很贵，下次我们去别的卖场时再买吧。"下次到了卖场时，孩子会对你说："你上次答应我要买玩具的。"而且无论你如

何解释，他都一定会跟你对抗到底。

碰到类似的情况，你该怎么办？除非你有绝佳的口才能够扭转孩子的观念，或者你有闲工夫和一个5岁的孩子斗嘴，否则在这种情况下，你千万不可以对孩子说："这样啊……""那么……""你说的好像有点儿道理""我想起来了"等，这时你应该直接地告诉孩子："不准买玩具。"

不要为了保护孩子而说“善意谎言”

很多父母为了安抚孩子而说谎，例如，孩子害怕打针，父母便会对孩子说：“绝对不会痛的。”好像这样说，就真的可以减轻孩子的痛楚。但其实这种谎言，极有可能从此破坏你们亲子之间的互信关系。

假如打针都不会痛、孩子做错事永远不会被责罚、学习骑脚踏车都不会摔倒、吃冰激凌都不会有蛀牙，这个世界将是多么的美好啊！但是除非所有的美梦都能成真，否则父母最好还是理智地让孩子面对生活的现实吧，不然，当孩子打完针或摔下脚踏车后，他不但会觉得屁股疼痛，心里也会有“被骗”的感觉，从而开始不相信父母。

不忍孩子受苦而美化现实，无法真的安抚孩子

有时父母为了保护孩子，不忍孩子受苦，于是尽其所能地美化现实，编出一个个“善意谎言”，然而这些“善意谎言”迟早都会穿帮的，一旦孩子认清了现实，拆穿父母的谎言后，即使父母说了实话，他恐怕也很难再全心全意地信任父母了。

例如，你答应孩子：“妈妈讲一下电话，马上就来陪你读故事书。”但是孩子从其过去的经验知道，妈妈这句话的真正意思是：“你最棒了，自己乖乖地在房间里读故事书，等我讲完电话、做完家务后，就会来陪你了。”

即使你这次真的只是讲了10分钟的电话，孩子也绝对不会相信你会立刻去陪伴他，因为他觉得你一定还有许多比“陪伴他”更重要的事情要做。

再者，如果你把每件事都加以美化，孩子就会猜想爸爸妈妈应该是无法接受负面的信息，所以才说谎，于是孩子也渐渐养成了隐瞒事实的习惯。

父母的责任就是不断地引导、保护孩子，但是如果孩子也养成了隐瞒、说谎的习惯，凡事都不敢告诉父母实情，那么父母又如何能尽到保护孩子的责任呢?

不美化现实，才能教会孩子面对现实生活

父母除了要善尽职责保护孩子之外，也必须教导孩子如何面对现实生活。例如，如果你今天必须加班到很晚才回家，就不可以对孩子说："我去上班了，很快就下班回来陪你。"而要明确地告诉孩子："爸爸（妈妈）今天的工作很多，要做到很晚才会回家哦。"

又如，如果孩子想买的玩具价钱实在太贵了，就该直接拒绝孩子，告诉他："这个玩具太贵了，不可以买。"或者，家中的宠物死了，千万不要对孩子说："狗狗只是睡着了！"而要诚实地说："狗狗死了！"

让孩子清楚了解生活的现实，并不表示你就是个冷漠的爸爸（妈妈），因为即使是负面的信息，你依然可以用温馨感人的方式来处理。

例如，当孩子问你打针会不会痛时，你可以对他说："打针是会有一点点痛，不过打完后很快就不会痛了，而且妈妈会一直抱着你，这样你就不会那么害怕了。"当你告诉孩子今天必须工作到很晚才会回家时，别忘了还要告诉他："爸爸（妈妈）很爱你，工作的时候都会一直想你。"

对于家中的宠物死了的问题，你可以等到时机比较成熟

时，再告诉孩子这个负面信息。你可以抱着他，慢慢地解开孩子心中所有的疑问，并且告诉他：“狗狗陪伴了我们这么多年，我们都很爱它，所以我们要好好地埋葬它、跟它说再见！”如此，不但可以让孩子学习面对生活现实，同时通过埋葬、道别的仪式，让孩子的心情得到安抚。

在孩子悲伤、沮丧的时候，父母要陪伴在孩子身旁，帮助他度过困境，等到事情结束，孩子的情绪恢复平静后，则要鼓励孩子：“你真的很勇敢！”“你表现得非常好！”

这便是为人父母的责任。

拒绝之后，一定要解释原因

除非时间非常紧迫，例如，孩子正冲向车水马龙的马路之类的情况，否则拒绝孩子的要求时，不要只对他说“不”，同时也要对他解释“为什么”。虽然孩子不一定了解或接受你的解释，但只要你的说明简单，并在孩子理解的范围内，他终究会明白你说的重点内容。

例如，当拒绝孩子买一个价格昂贵的大象布偶时，你不必对他解释家中的财务状况，只要解释：“那个大象布偶实在太贵了，我知道你想要它，但我们需要钱去买吃的东西和衣服，不能通通花在玩具上。”

切勿随便编造理由拒绝孩子，否则会失去孩子的信任感

许多父母因为顾虑旁人的批评眼光，也为了顾及孩子的颜面，便想办法以最快的方式让孩子安静下来。这个办法可能是：告诉孩子不管他如何哭闹都没有用；或者把孩子带到僻静的地方，好好地训诫他一番，并拒绝他的要求。

但是，以长远的眼光来看，这两种拒绝的方式都无法让孩子学会“理解”，而是感觉到没有理由的被拒绝，反而会让他对父母的管教标准产生更大的怀疑。

不管是不是在公共场所，父母在拒绝孩子时，绝对不可以毫不思索地对孩子说“不”。例如，我们坐捷运时，有时会看到这样的情景：

有个孩子突然向妈妈要求：“我要吃饼干！”

妈妈断然地拒绝说：“没有零食！”

但是孩子并不会因此而罢休，反而提高嗓门嚷着：“我要吃！我要吃！”

妈妈依然态度坚决地说：“不是告诉过你了吗？没有饼干！”

然后母子就这样无止境地反复纠缠下去，一直到孩子放声

大哭时，刚刚说没有饼干的妈妈才不得已地从包中拿出饼干。

就在妈妈从包中拿出饼干的那一刻，她先前坚持“没有饼干”的说法，已经完全丧失信服力了。

解释拒绝原因，孩子才能判断什么可做、什么不可做

父母会对孩子说“不准”“不可以”，都会有正当的理由。例如，不准孩子触摸计算机键盘，是因为怕他误删了数据；不准孩子在吃饭时玩叉子，是因为怕他刺伤了自己或刮伤餐桌；不准孩子乱按洗碗机的开关，是因为大人还没准备好，所以还不能按下开关。

此外，为了保护孩子免于发生危险状况，父母一定要对孩子说“不”，例如，不准接近热水壶、不准玩刀具、不准玩火与炉火、不准自己一个人跑去厨房或浴室玩儿、不准自己一个人过马路等。父母会断然禁止孩子做这些事情，但是却不太解释其中的原因。

拒绝孩子之后，父母必须耐心、清楚地跟孩子解释其中的原因，才能避免孩子觉得父母过于专制。例如，“你一个人过马路，很容易被车子撞到并且受伤，那你就要打针和吃药！”“你把家里的钥匙藏起来，我们就没办法锁门，

这样小偷就会把家里的东西搬光哦！”等。久而久之，孩子自然能够理解事情的严重性与因果关系，并逐渐培养出判断能力，慢慢地，他便会清楚什么事可以做、什么事不可以做。

不要凡事道歉，以免孩子缺乏挫折忍受力

绝大部分父母都希望能够尽量满足孩子所有的期望，但是世事总是无法如你所愿。

例如，玩耍后总有该回家的时候，父母总有忙碌而无法陪伴的时候，如果遇到这类情况，父母便不断地向孩子道歉："对不起啊，宝贝，你不能一直占着滑梯不放，要让给别的小朋友玩儿啊。""对不起啊，宝贝，吃饭前不可以吃冰激凌。""对不起啊，宝贝，玩具剑也是会伤人的，不可以拿它打好朋友哦。"久而久之，孩子便无法承受任何的挫折。因此，父母绝对不可以凡事道歉，只有这样才能培养孩子应付挫折的能力。

凡事道歉，是在暗示孩子，守规矩真是难为他了

每次当你要告诉孩子负面的信息之前，就先对他说“对不起”，这听起来好似你非常尊重孩子，完全理解孩子的失望感受。

然而，这种表达方式却会在无意间对孩子传达某些错误的信息。例如，当孩子拿着玩具敲打同伴的头时，你真的觉得很抱歉吗？也许你并没有，但是你的道歉举动却等于是在暗示孩子，你知道要他守规矩真的很困难，实在难为他了。

对孩子来说，“对不起”就等于“做错事”，所以在用玩具敲打同伴的头之后，他应该要向对方说“对不起”。而现在爸爸妈妈却不断地跟他道歉，那就表示爸爸妈妈一定是“做错事”了，而且是做了对不起他的事。

父母卑躬屈膝，孩子就会掌控一切

如果父母凡事都跟孩子道歉，很容易让孩子产生错误的自我认知，以为自己“理所当然”地享有特殊的待遇。

例如，当爸爸（妈妈）对孩子说：“对不起，宝贝，我现在正在讲电话，没空陪你！”“对不起，宝贝，你已经吃过饼干了，现在不能吃冰激凌！”“对不起，宝贝，爸爸

（妈妈）现在要去上班了！”这些抱歉的话，会渐渐地让孩子养成自以为是、骄纵霸道的心态。

父母必须有父母的威严。当你发现自己总是不断地向孩子道歉，甚至已经到了卑躬屈膝的程度时，就必须提醒自己，父母让步、孩子掌控一切，这对于一个心智尚不成熟的孩子来说是有害无益的。当孩子不愿意把滑梯让给别的小朋友玩儿时，你根本无须为此向孩子道歉，而是拿出父母的威严，纠正他的自私态度。

别把“对不起”变成口头禅

有些父母并不是真的要向孩子道歉，而是把“对不起”三个字变成了他们的口头禅，无论对孩子或其他人，开口的第一句话就是“对不起”。当他们向孩子说“对不起”时，其实真正想要表达的意思是：“我知道这不是你想要的结果，但是……”

只是，一句“对不起”并不能解决问题，也无法安慰孩子的失望情绪。当碰到孩子独霸滑梯这类情况时，父母应该直接表示：“你已经连续滑了好几次了，现在该轮到其他小朋友玩儿了！”“刚才吃过饼干了，要等晚上吃过晚餐后才能吃冰激凌！”“玩具是拿来玩儿的，不是拿来打人的，不准用玩具敲打小朋友。”

这样的回答虽然会使孩子感到失望，但是父母也不需要因为孩子失望就跟他道歉。在这个时候，你可以采取的方式就是，适时地表达你对他的关心。例如，对孩子说：“你现在心里很不舒服，对不对？”“我很高兴你把滑梯让给其他小朋友玩儿！”

除此之外，你也别忘了，要把“对不起”这个口头禅改掉。同时，在跟孩子道歉时，更应该把意思表达得明确一点儿，必须有具体的不当之处才道歉，别让孩子把父母的不忍与同情，误解为是父母做了对不起自己的事，因心生亏欠，所以才说“对不起”。

不要因放不下身段，而逃避向孩子道歉

虽说当事情不能满足孩子的期待时，父母没有必要因此就向孩子说“对不起”，但是，如果父母本身犯了错，对孩子造成了伤害，就一定要放下父母的身段，向孩子说“对不起”。其实，当父母犯错而伤害了孩子时，最重的错误并不是事件本身，而是对孩子的受伤情绪不闻不问、不理不睬。

当4岁的儿子在客厅玩儿的时候，美琪对他千叮咛万嘱咐：“绝对不可以碰茶桌上的玻璃水壶。”没料到她才到厨房里拿块抹布回来，就看到玻璃水壶已经空了，地板上到处都是水，儿子还很高兴地穿着一双大拖鞋，在上面踩来踩去，啪啪啪的踩水声把他逗得哈哈大笑。

看到那一幕，美琪的怒气顿时往脑门上冲，对着孩子大吼：“我不是叫你不要碰玻璃水壶吗！”儿子被这突如其来的吼叫声吓得哭闹了起来，但她还是强迫他去罚站。当她准备要清理地上的水渍时，读小学的女儿从浴室走出来，手里还拿了一个拖把，并表示自己刚才不小心打翻了水壶，所以拿拖把来清理地板。

与其吼骂，不如来一个深情的拥抱

面对这样的场面，你可以采用两种截然不同的态度。一是你可以对着泪流满面又深感委屈的儿子说：“以后你如果再打翻水壶或其他东西，就会像现在一样被罚站。”二是你可以给儿子一个深情的拥抱，亲亲他，然后说道：“对不起，宝贝，妈妈误会你了。你一定很难过吧。”

这样的道歉，不但可以安抚孩子委屈受伤的心灵，还能教导他明白一个非常重要的人生道理——父母做错了，一样会勇敢地道歉。

就尊卑地位的角度而论，孩子非常“小”，而父母却非常“大”，因此当父母对孩子说“对不起”时，代表着他们非常尊重孩子，而孩子则会在无意间自我膨胀，感觉自己变得非常重要，当大人尊重孩子的时候，孩子也会开始尊重自己。

例如，当你在路上被人不小心撞了一下，但对方却没有向你道歉时，你会感到生气，除了因为被撞痛之外，更在于对方完全无视你的存在。但若换成是孩子被撞了一下，他却未必会生气，因为他的年纪太小，还无法了解人与人之间必须互相尊重的道理。因此，父母绝对不能让孩子有“即使受委屈、被欺负了都可以无所谓”的观念。

父母向孩子道歉，可教导孩子要尊重自己也要尊重他人

父母放下身段向孩子道歉，对孩子是最佳的示范，不仅教导孩子要尊重自己，也让孩子明白要尊重他人。孩子最重要的学习、模仿对象就是父母，若是父母在犯错后向孩子道歉，孩子就能学会犯错后道歉的好态度。

如果你希望孩子日后为人正直并受到人们的尊重，那么犯错后能够放下父母身段向孩子道歉的你，便是在教导孩子，每个人都必须为自己的行为负责。

事实上，父母在对孩子言行失态后，如果能够当时就向孩子道歉，其实是以实际的行动告诉孩子：爸爸妈妈就和所有人一样都会犯错，并非十全十美。如此，在孩子的认知里

便会觉得，爸爸妈妈都可以承认他们和所有人一样也会犯错，所以他们一定也可以接受我做错事。孩子会因此而不再担心自己无法做一个十全十美的人，因为他们知道即使自己犯了错，爸爸妈妈依然会爱自己。

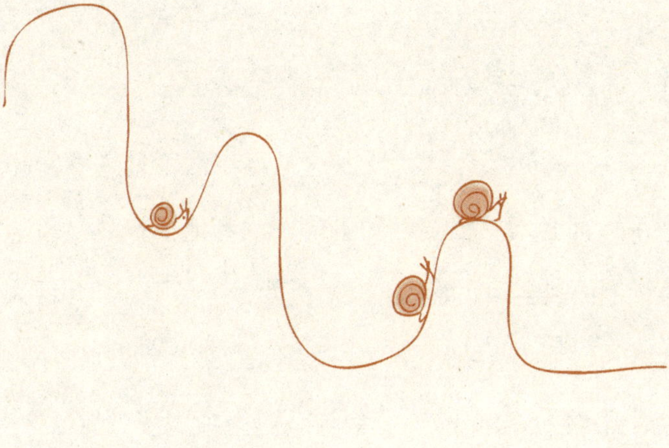

孩子爱问“为什么”，不必有问必答

有位妈妈无奈地表示，4岁的女儿每讲两句话就会问一句“为什么”，即使女儿早就知道答案了，还是会明知故问。如果妈妈不理会她，她就像唱片跳针一样，不停地问：“为什么？为什么？为什么？”这位妈妈经常觉得受到疲劳轰炸，简直就要被女儿逼疯了。

孩子爱问“为什么”，这是再自然不过的事，即便是他每天都必须重复要做的事情，或者他早就习以为常的事情，他依然会问“为什么”。例如，他会问：“为什么要吃饭？”“为什么要睡觉？”“为什么要穿衣服？”“为什么皇后要害白雪公主？”“为什么爸爸要刮胡子？”

好奇心与想要掌控环境，所以不停地问“为什么”

孩子总爱不断地问“为什么”的理由非常简单，不外乎是好奇心与求知欲使然。

因为生活中接触到太多新的人、事、物，他需要一个解释，好让他可以掌控环境，并满足他满脑子的好奇心与学习欲望。

此外，为了得到无限的满足感、成就感，甚至为了得到父母的更多注意，也是驱使孩子爱问“为什么”的原因，而为了达到这些目标，他们会重复问自己早已知道答案或无意义的事情。这种情况发展到最后，“为什么”就会变成孩子的口头禅。

如果父母不为他们解答，孩子要如何理解这个陌生的世界呢？就像吃了东西会让人有充沛的体力一样，孩子旺盛的好奇心也会让他得到非常丰富的“精神食粮”，扩展自己的知识领域，提高自己的认知能力。

当孩子问你“为什么”的时候，你千万不可以搪塞、敷衍地回答他：“哎呀，反正就是这样嘛！”“我不知道！”“你去问爸爸吧！”“你怎么问题这么多啊？”“你烦不烦啊，问个没完没了！”相反地，你应该多鼓励孩子发问，借此激发他的思考能力，使他的头脑得以灵活运用。如果你的孩子是个爱问问题的好奇宝宝，那么你应该感到很庆幸，并且要竭尽所能地解答孩子的疑惑。

如何分辨孩子问“为什么”是因好奇或另有目的

这的确是一个不容易辨识的问题。相信大多数父母一定遭遇过这样的困扰——你必须有能力辨别出孩子到底是不是真的非常好奇，需要你耐心地跟他解释清楚；或者他是因为别有用心而不断地问“为什么”，如此你便无须回应。

5岁的儿子：“小狗撒尿时为什么要抬起一条腿？”

妈妈：“因为它们习惯对着高处撒尿，譬如墙壁或电线杆等。”

儿子：“为什么？”

妈妈：“这样它们就可以去划出自己的领域了。”

儿子：“为什么？”

妈妈：“这样就可以警告其他小狗不可侵犯领域啊。”

儿子：“为什么？”

妈妈：“这样它们才可以吸引母狗啊。”

儿子：“为什么？”

妈妈：“这样它们才可以和母狗生小宝贝啊。”

情况非常明显，这个5岁的男孩显然并不是真的想知道小狗为什么要抬腿撒尿。他像只鹦鹉般不停重复问“为什么”，不断地纠缠妈妈，只是为了引起妈妈的注意。如果这时候妈妈开始关注他，他就会立刻停止说犹如口头禅似的“为什么”三个字。

当你遇到类似的情况时，不妨反问孩子：“那你觉得为什么小狗要抬腿撒尿呢？”或者陪孩子一起研究一本有关小狗的故事书，再不然就带着他去观察家中或邻居的小狗的行为。

但是，假使孩子是真的非常想知道小狗到底为什么要抬腿撒尿，此时父母就应该竭尽所能地详细为孩子解答问题，尽量扩展孩子的视野。

当你被搞到耐心全失时，该怎么办

当你被孩子无止境的“为什么”搞到筋疲力尽，只要再听到一次“为什么”就会发疯的时候，你就必须立刻停止孩子的发问行为。此时你有三个方法可以运用：

一、先闭上眼睛、深呼吸，安静十秒钟，你就能再次找回耐心，并找到一个和“为什么”三个字一样简短的答案。

二、学学孩子，把“为什么”当作你的口头禅，任何时候当你的不耐烦情绪升起时，你就平静地回答孩子：“你认为这是为什么？”让孩子慢慢思索答案，同时也利用这段时间调整情绪。

三、坦白地告诉孩子：“我现在已经累到完全没有力气说话了，所以，我们明天再继续聊这个问题吧。”

教导孩子自我认知的最快方法，就是让他真实地体会自己的内心感受。在孩子成长的过程中，需要培养孩子有颗“善感的心”，可以随时察觉自己内心的情绪，并及时地修正或控制，避免对他人造成困扰或伤害。

第3章

做到9个“要”，帮孩子储存竞争力

要教导孩子认知自己的情绪

孩子在青春期以前，通常不会去思索人生的哲理，或者思考、质疑自己存在的意义，像“我是谁”“生命的意义何在”这类问题。不过，孩子的世界虽然很小，但他们依然会想要多认识自己一些。

引导孩子认知与确定自我情绪

教导孩子自我认知的最快方法，就是让他真实地体会自己的内心感受。当一个人能够清楚知道自己内心的感受，明白愤怒、悲伤、快乐等各种情绪的由来时，他就会更确定自己——确定自己最在乎什么、最害怕什么、最关心什么、最喜欢什么。如此一来，他便会越容易和他人建立良好的互动关系。

一个不懂得如何体会自己情绪的人，很可能永远都无法了解自己内心真正的感受。这样的人一旦遭遇严重挫折或被公司开除，很可能只是一笑置之。一般而言，这样的人没有明显的情绪波动，个性十分乏味。

父母应该在孩子年幼的时候，便开始教导他们体会内心的感受。虽然年幼的孩子通常很情绪化，但是却无法认知与确定自己的情绪与感觉。

例如，他们之所以会突然冲动打人，常常是因为不知道该如何用语言表达自己愤怒的情绪。这个时候，父母应该从旁指导，帮助孩子说出他内心的感受。你可以问孩子："你很生气，对不对？"由此开始慢慢引导他说出心里的感受。

帮助孩子理解，情绪是可以控制的

引导孩子说出内心的感受，不但可以让孩子更加了解自己的情绪，并且也会逐渐懂得该如何控制自己的情绪。相对地，若父母任由孩子被自己的情绪所牵引，久而久之他便会以为这种情绪就是自己的本质。

例如，当一个4岁的孩子因为要求无法得到满足而大发脾气时，他通常不会觉得自己在发脾气，而是认为自己本来就是这种脾气。当这种情况发生时，父母要引导孩子认知他发脾气的原因，教导孩子了解，发脾气是内心一时之间的感受，这样的情绪是可以控制的。

父母要引导孩子表达内心的感受，还要帮助他们接受自己的情绪。教导孩子体会自己的感受，是父母最重要的工作之一，即使是一些肮脏卑鄙的念头也不该避免。认识内心肮脏卑鄙的念头并不会使孩子变坏，对此父母大可不必过于担心。

只有当孩子明白父母可以接纳自己的负面感受时，他们才会开始正视自己的愤怒、恐惧、悲伤等负面情绪，也才会开始接纳自己。

除了引导孩子说出感受，还要培养其包容力

只要孩子能够说出自己内心的愤怒，他们就不会动不动闹情绪了。他们会渐渐明白，自己内心的情绪与实际的行动其实是不同的。正因如此，所以幼儿园和小学老师总是不断告诫小朋友，如果他们生气想要打人的时候，要赶快“告诉老师”。

不过，只是教导孩子说出内心的感受，是无法完全抑制他们的怒气的，还需要有极好的包容力才行。关于这一人格特质，需要父母耐心地帮孩子培养。当然，无论父母用何种方法培养孩子的包容力，都远不及父母的亲身示范来得有效。

父母若是不能以身作则，坦然面对自己的情绪，又如何教导孩子诚实地面对个人的情绪和感受呢？

鼓励孩子谈论负面情绪

有些父母为了保护孩子远离心灵痛苦，甚至会否定或禁止孩子谈论负面感受。例如，当孩子半夜哭着说“我的床底下有怪物，我好怕”时，这些父母会立刻回应：“胡说八道！”当孩子因为比赛只得第二名而说“我好难过”时，这些父母会立刻回答：“输了就输了嘛，没有关系！又不是世界末日。”这些回应其实都在否定孩子受伤的感觉。

这些父母的初衷虽然是善意的，想要鼓励孩子，但做法却是在否定孩子的感受，孩子极可能从此完全否定自己的情绪，甚至因此感到寂寞，因为他觉得这个世界上没有人了解自己，没有人能帮助自己应付困境。

身为父母，若只是偶尔说：“不要哭！”“不要怕！”倒也不至于产生什么负面结果，但是如果你习惯性地不断否定孩子的感受，将会使自己错失引导孩子了解自己内心感觉的机会。

要多些鼓励、少些责备

如果你在教育孩子的过程中，采取“用鼓励代替责骂”的方式，对孩子多鼓励、少责骂，相信孩子一定会快快乐乐地成长。

现今有越来越多的父母，会长期使用摄影机记录孩子的一举一动，而不是一天到晚挑剔孩子的毛病。在如此环境中长大的孩子，相信会非常满意自己的表现，也会对父母极具好感、感情融洽且亲密。这样的结果，亲子双方都将受益无穷：因为快乐的孩子会有稳定的好情绪，不但更容易与父母和同伴相处，而且也很乐意接受父母的教诲。

孩子拥有高EQ，就不会因父母偶尔的情绪失控而受伤

如果你经常对孩子表达善意与鼓励，让孩子感受到自己得到父母充分的爱与尊重，那么你的孩子便不会因为你偶尔的情绪失控，而感到心灵受伤、精神受创。

大冬天里，你帮4岁的女儿穿上保暖的衣服、外套和靴子，并把一切准备妥当，正要赶着出门去搭火车南下拜访亲友。一转身，你突然看到，女儿竟然把身上的厚外套、毛帽和靴子全都脱掉，显现出一副得意扬扬的表情，好似得到你夸奖她脱衣服和鞋子的技巧越来越熟练了一般。

如果是在平时，看到女儿如此独立地脱衣服和鞋子，你一定会惊喜地大笑，赞美女儿好聪明、好厉害，竟然这么快就学会自己脱衣服，尤其是脱下绑着鞋带的靴子。

但是，今天的状况不太一样，因为你就快要错过火车开车的时间了。情急之下，你狠狠地瞪着女儿，同时吼道："你在搞什么，你不知道绑鞋带要花多少时间吗？"

如果一直以来，你对女儿都是采用"多鼓励、少责骂"的教育方式，那么你在这种突发状况下对女儿怒吼，女儿的反应很可能是："好吧，妈妈。"然后在你蹲下来帮她穿靴子的时候，她便乖乖地穿上外套、戴上帽子。

但是，如果你平时对女儿就是“多责备、少赞美”的教育方式，那么在此突发状况下，女儿的反应可能是闹情绪地说：“可我就是想要穿成这样嘛！”逼得你强行帮她把所有脱下来的衣物和靴子再穿回去。如果这个时候你女儿的表达能力已经非常流畅了，她极可能还会对你大叫：“妈妈，我最讨厌你了！”

多责备、少赞美，易使负面情绪延续

在“多责备、少赞美”的教育方式下，上述突发状况还会产生另一个坏处，那就是你的负面情绪可能会因此而延续一整天。

一般而言，当父母越喜欢说“不”的时候，孩子就越喜欢故意与父母作对。如果你是聪明的爸爸（妈妈），就必须清楚，偶尔对孩子吼叫一两句，孩子尚不至于受到伤害，但千万不可以整天唠唠叨叨。

如果你不停吼骂的对象是配偶，对方会反驳，会与你理论，甚至挑衅地说：“不然离婚嘛！”但是如果你不停吼骂的是你的孩子，他的反应绝对不敢像你的配偶那样。

很少有孩子胆敢当面向父母挑衅，他们大多会采取无言的抗议，例如，故意把筷子、汤匙丢到地上，故意尿或便在裤子上，或者想出一些奇奇怪怪的捣蛋方式，直到把父母搞到精疲力竭，甚至精神崩溃为止。

也许在父母看来，孩子所有的捣蛋行为像是有预谋的，但是事实上他们完全是无心之举，他们只是一时之间不知道该怎么办，在无所适从的情况下，才会出现那些把父母搞到崩溃的抗议行为。因此，当你遇到这种状况时，一定要赶紧抚平孩子的情绪。

要教导孩子认知自我情绪，并尊重他人感受

想要解决孩子的情绪问题，教导孩子认知自己的感受固然是极佳的方法，但它并非万灵丹。很多时候，教导孩子认知自己内心的感受，仅仅是解决孩子情绪问题的首要步骤。

培养孩子“善感的心”，随时规范自己的情绪

如果你想要孩子的情绪问题得到彻底的解决，还需要让孩子清楚知道自己“应有的分寸”。也就是说，在孩子成长的过程中，需要培养孩子有颗“善感的心”，得以随时察觉自己内心的情绪，并及时地修正或控制，避免对他人造成困扰或伤害，如此，当孩子长大成人之后，大多也都可以拥有精彩、丰富又圆满的人生。

若孩子缺乏这颗“善感的心”，养成凡事只在乎自己的感受的习惯，日后恐怕会成为一个自私自利、令人讨厌的人。

有一天，4岁的朵朵玩芭比娃娃玩得正入迷，突然，她听到妈妈说：“我们说好的，你只玩半小时，现在时间到了，你该去洗澡了。”

正准备帮芭比娃娃换衣服的朵朵一听到妈妈的话，立刻气愤地把手中的娃娃衣服丢向妈妈，并且把从电视剧里学来的话对妈妈吼道：“你这个死老太婆最讨厌了，我恨你！”

妈妈知道女儿正处于从肢体动作转换为语言的阶段，还无法清楚表达自己内心的情绪。于是她对朵朵说：“你现在非常非常生气，对不对？”

“对，我很生气！我现在正要帮芭比娃娃换衣服，你不要烦我啦！”朵朵说道。

“所以，你希望我先走开吗？”妈妈更清楚、明确地说出女儿的想法。

“是的，你赶快走开！”朵朵说。

“好吧。我只是来提醒你，洗澡的时间到了。但是你如果想继续玩儿的话，那就等一下再洗吧。”

从这对母女的对话中，我发现这位妈妈犯了一个严重的错误——纵容孩子无法无天。

4个步骤，教孩子懂得尊重自己、尊重他人

这位妈妈完全了解女儿内心的感受，也以正确的方式引导女儿表达情绪，但是她过度专注于“引导”的工作，却没有适时采取措施规范女儿的行为，这样反而会让女儿认为妈妈好控制、好欺负，对待妈妈的态度完全缺乏尊重。

父母不但要教导孩子了解、接受自己内心的感受，也要教导他们尊重他人，而这一切都得从父母本身做起。所以，当孩子愤怒时，用种种野蛮方式表达愤怒的情绪，诸如骂你、踢你、打你甚至是直呼你的姓名时，你就必须立刻有效地应对，应对的步骤如下：

步骤一：了解并确认孩子的情绪。例如，对孩子说：“你一定很生气，所以才会对我大吼大叫，对不对？”

步骤二：解释因果关系并拟订规则。例如，对孩子说：“你对妈妈这样大吼大叫，真的让我感到很难过。希望以后我不会再见到你这样的讲话态度。”“你可以发脾气，但

是绝对不可以一生气就往别人身上扔东西或把东西摔坏。现在，你不准再玩儿了。我要把玩具收起来，等明天你气消了以后再玩儿。”

步骤三：对规则坚持到底。如果孩子因为你把玩具收起来，又大闹脾气，你绝不可以让步，一旦你让步了，孩子很可能会变本加厉。此时，你可以对他说：“我不管你有多么生气，都不准再玩玩具。现在先去洗澡。”

步骤四：不要浪费唇舌和孩子讨论规则。孩子有时候会为了引起父母的注意而故意犯错。在这种情况下，如果你花时间唠叨不停地和他讨论规则，正好落入他的圈套，驱使他一再重施故技，好引起你更多的关注。这个时候，你应该保持冷静，言简意赅地解决问题，然后立刻结束此事。

要培养孩子有礼貌的好习惯

教导孩子学习礼貌的第一步，就从学习说“请”“谢谢”“对不起”开始；而培养孩子有礼貌的最佳环境，就是日常生活作息。

例如，早上父母亲切地对孩子道早安，会让孩子感觉自己像大人一样被对待；任何时候，不论孩子谈论任何话题，父母都要专心且耐心地聆听，不要贸然打断孩子或起身离席；对于孩子恰当的言论，父母要给予肯定与称赞。

父母对待孩子有礼貌，对孩子的最大影响是，让孩子了解父母十分看重他，同时也让孩子明白他和其他人一样重要。这不但可以令孩子感觉到自己被重视与存在的价值，也是帮助孩子建立安全感与自信心的重要来源。

礼貌不是教来的，是熏陶而来的

在父母常年的耳濡目染与熏陶下，礼貌会内化成为孩子人格的一部分，而不只是一个人的表面行为而已。父母一次又一次地告诉孩子，待人要有礼貌，要说“请”“谢谢”“对不起”，要专心聆听别人讲话。但是，如果他们看不到父母这样对待别人，他们自然也不会以礼待人。身教胜于言教，父母的榜样远比教训来得有效。

提出要求时应有的礼貌

孩子每天被推陈出新的商品所诱惑，只要提出要求，父母通常都会满足他们，这往往使得孩子认为花钱消费好像是理所当然的事。在这样的价值观下，当他们有所需求时，便不懂该如何有礼貌、得体地表达。

学习有礼貌地表达对某样东西的喜爱，应该从小就做起。利用哭闹的方式要求得到某样东西，这种行为是不恰当的，父母必须教导孩子懂得感恩，了解父母为了满足其要求，所需花费的时间、精力及金钱。

不过，教导孩子学习礼貌的最有效方法是——从父母自身开始做起，为孩子树立典范。当孩子提出要求时，父母的应对态度有下列几个步骤：

- **学习说“请”。**父母必须要求孩子用“请”来表达其需求，且在孩子未做到用“请”与礼貌性表达前，拒绝其要求。

- **学习说明理由。**父母必须引导孩子说出要求东西的理由，这同时也是训练孩子协调技巧的好方法。让孩子提出3个为什么需要东西的好理由，父母再对这些“好理由”进行评估。例如，孩子的理由是“因为邻居每个人都有”“我保证会好好照顾它”“我可以用自己的零用钱买”，这些是不是好理由呢?

尤其，当孩子提出“我保证会好好照顾它”的理由时，父母必须协助孩子了解自己的时间，是否真的能做到“好好照顾它”，因为如果事情发展到最后，“照顾”的责任落到父母身上，那就没有意义了。

- **学习停止要求。**除了学习说“请”、提出要求的理由外，孩子还要学习何时停止要求。父母要让孩子明白，并非所有的要求都能得到满足。在经过慎重考虑后，父母必须清楚地向孩子说出最后的决定：“我仔细考虑了很久，但答案是‘不行’。”并解释拒绝的原因，例如，孩子所要求的东西不适合家里、超出家里的预算、不适合孩子的年龄等，让孩子明白，再继续要求也不会有结果。

说“谢谢”是学习感激的第一步

当要求得到满足或接受任何东西时，孩子都必须学会说“谢谢”。“谢谢”是学习感激的第一步，不论他们是否真的感激，都需要把说“谢谢”变成一种习惯，这是一种人际相处的基本的尊重态度，甚至是一种应该被要求的行为模式。

当孩子在学习说“谢谢”时，父母可以借鉴以下方法：

- **让孩子自己表达谢意。**教导孩子亲自向每个协助者或送礼者说“谢谢”，父母绝对不要帮孩子代劳。如果是以感谢信的方式表达谢意，那么年龄较小的孩子可用画图的方式来表达，年纪稍大一点儿的孩子还无法写出成熟的感谢内容，但可以依照他自己的语言来表达，或设计特殊的感谢信。

写感谢信不但可以帮助孩子从小养成感谢的习惯，更可以增进亲子之间的讨论与对话，在与父母的讨论过程中，孩子会学习到更多的经验，变得更加体贴。

- **教孩子如何表达谢意。**父母应该让孩子明白，当收到自己不特别喜欢的礼物时，还是必须表达感谢。父母要教导孩子真诚地表达谢意，要让孩子能够体会，喜欢礼物不等于喜欢送礼的人；礼物也许无法符合孩子的期待，但不可因此漠视送礼人的一番心意。因此，就算孩子收到不喜欢的礼物，也应该体贴送礼者的一片心意，诚心地感谢送礼者。

- **表达谢意时的态度。**只是随便说一句“谢谢”并不能表达真诚的感激。父母必须教导孩子在收到礼物时，除了盯着礼物外，也要注视送礼者，让送礼者知道他的心意得到了认同与感激。

- **为孩子树立礼貌的典范。**父母要时时刻刻以身作则，展现感激的行动、亲切的态度、关爱家庭并重视友谊。当有人给我们东西或帮助时，随时说“谢谢”；写感谢信时，让孩子看到我们的举动，孩子在耳濡目染之下，渐渐地，会了解感谢、体贴、亲切的意义，并自然而然地表现出良好的礼貌。

说“对不起”是体贴别人的开始

当孩子懂得说“对不起”时，表示他懂得为别人着想，知道自己做了不适当、无礼或不体贴的行为，给别人造成不舒服或不方便。认识到自己的行为对他人所造成的影响，是让孩子养成良好品格的重要步骤之一，也是体贴他人的开始。

有些孩子似乎天性上就会注意与关怀他人，但大部分的孩子则需要经过实际的教导才能领略其中的意义，不过这只是每个孩子的天生气质不同，成长过程也不一样，并不表示孩子的品格出了问题。每个孩子的成长过程都有差异，即使是生长在同一家庭中的孩子也不例外。因此，当孩子不能自觉地为他人着想时，父母就应该帮助他学习。

父母帮助孩子养成说“对不起”的习惯时，可以借鉴以下方法：

- **学习自动自发的态度。**从一些小地方开始，想一些需要孩子说“对不起”的情境，然后和孩子讨论，并要他记住当遇到那些情境时，要向对方说“对不起”。当孩子有了习惯性的反应，会自动自发说“对不起”时，再慢慢扩大情境的范围。

- **学习同理心。**教导孩子体会别人的感受。你可以问孩子：“如果姐姐挡住了你的视线，让你看不到你最喜欢的卡通节目时，你会不会感到很不高兴？”或要孩子问问自己：“我做了什么事情，让姐姐这么不高兴？”父母可以利用机会引导孩子观察，从人们的表情与身体语言中找出问题。

- **“对不起”之后的问题解决。**当孩子的行为造成别人的不愉快或不方便时，父母可以适时引导孩子学习回应的方式。只是一句“对不起”，是否能彻底解决问题？在某些情况下，也许孩子必须重来一次且将事情做对，例如，打破盘子该如何解决？除了向父母说“对不起”外，还要教导他如何将地上的盘子碎片清扫干净，以免其他人受伤。

要教导孩子自己做决定的技巧

父母必须了解，孩子迟早都要远走高飞的，将来他必须独自决定自己的穿着、跟谁交朋友、选择什么样的工作，因此在教育孩子的过程中，父母应该及早培养孩子自行抉择的能力。因此，父母必须从孩子牙牙学语、蹒跚学步的时候，就及早开始教导他如何抉择。

如果父母凡事喜欢越俎代庖，自行帮孩子做决定，长期生活在这种环境里的孩子，日后恐怕很难避免不断地犯错。例如，假设从小每天早上母亲总是会按时叫孩子起床上学，当孩子长大以后，他恐怕很难会有准时起床上班的习惯。这种孩子虽然循规蹈矩，但是却缺乏自我约束的能力，由于凡事只会听从别人的教诲，因此完全没有变通的能力，这种孩子在长大以后，或许会觉得非常迷惘，因为他们完全不知道在茫茫的人海里，自己应该如何应付困境。

时间、地点、状况，是机会教育的关键元素

在捷运站的售票机前，一名4岁大的小男孩坚持要自己买票，可是手伸得再长都够不到机器的投币孔，也无法摸到选项按键。

于是，妈妈放下两手的行李，把孩子抱起来，让他把钱放进投币孔，然后指示着说："按左边那个，不是这个，是那边那个！然后是右边……右边、右边，不对，旁边的那一个！"花了好长时间，问题终于解决了。

眼看着后面排队的人早就露出焦虑又不耐烦的表情，她才不好意思地把孩子拉到一旁，让后面排队的人买票。

教导孩子自己做决定固然很重要，但必须在时间、地点、状况都合适的情况下才能进行。以此故事为例，妈妈应该观察现场的状况，然后断然拒绝让孩子去买票，并立刻亲自把票买好。

父母虽然要尊重孩子的自主性，但在关键时刻，还是要衡量时间、地点，并扮演负责引导孩子的角色。例如，孩子

坚持要在游乐场里玩1小时。

妈妈："哇！你今天心情很好，想要玩一个小时，可惜妈妈今天没有时间，不能陪你玩儿那么久，所以现在我们可不可以先回家，下次来玩儿的时候，你可以多玩儿半小时，好不好？"

孩子："不要，我还想玩儿！"

妈妈："还想玩儿啊！那我们就再玩10分钟，10分钟后就得回家了哦！"

孩子："好！"

妈妈："谢谢你！"

也许结果令人失望，但孩子的努力都会有价值

许多父母都会觉得，让孩子自己做决定是在浪费时间。但其实，你的孩子并没有浪费时间，他把时间进行了有价值的利用，尽管你在生活中并未预留这些时间给孩子和你自己，但看到他决心努力，虽然目前尚未得到结果，你还是得给他机会，让他练习，或者，至少证明他有这个能力。

下次，当孩子态度坚决地对你说："我要自己穿衣

服”“我要自己洗手”时，请重视他想要独立自主的需求。你要做的是，把时间空出来，耐心地在一旁陪伴他，让他尽量地去尝试，让他练习、练习、再练习。

如果他坚持要自己穿衣服，你就预留30分钟让他自己穿；如果他要自己吃早餐，就提早30分钟开饭；如果他坚持一定要在大热天穿外套去上学，就尊重他的意思。这样他会觉得没有太大压力，而当他感觉不到你的压力时，他会表现得更好。

如果你觉得有必要指点一下，可以帮助他提高效率，或做出较正确的决定，那么你可以在不违背他的自主性的情况下，对他说：

“你今天想要穿外套去上学啊！太好了！我正好知道一个穿夹克的好方法，你看……”

你示范性地把外套绑在他的腰上，然后让他看看镜中的自己，并说：

“哇，快看，你变得好帅啊！”

喜欢全部自己做、自己做决定的孩子，在你的支持下，很快就能自己做许多事情，而且做得相当好，并因自我肯定而提升自信，同时也让你的生活变得更轻松。

提供“有限的项目”，让他做“选择性的决定”

教育孩子最困难的抉择是：该不该、什么时候、孩子多大时让他自己做决定。让年幼的孩子自己做决定是件可怕的事，因为他们往往会做出太多错误的决定。然而自己做决定是孩子成长过程中非常重要的一部分，做决定可使他拥有控制感，并为他以后成为一个明智的决策者打下一定的基础。

每天在衣、食、住、行上要做的决定实在太多了。要一个四五岁的孩子做出正确的决定，是不可能的。为了降低他们做错决定后的挫折感，父母在询问他们意见时，要提供“有限的项目”，让孩子“自己做决定”。

当你问他“早餐想吃什么”时，他可能会要求“我要吃糖果、蛋糕”。如果你让孩子自己选择后又否决他的选择，他会觉得你剥夺了他的机会，或认为他做了不好的决定。因此，你在提供选择时必须限制项目。例如，

“你早餐想吃面包和牛奶，还是豆浆和包子？”

“过马路时，你要妈妈还是爸爸牵着你的手？”

“你想要甲虫还是超人玩具？”

如果孩子在做了决定后，发现犯了错或后悔了，不要批

评他，而是要让他明白偶尔犯错并没有关系，如此他才能比较自在地做决定，并思考下次遇到类似情况时，要如何做出更好的决定。

例如，他坚持要穿短裤到公园玩儿，却跌倒而擦伤了膝盖时，你的反应：

错误的反应："我早就告诉你要穿长裤……"

正确的反应："你的膝盖破了，我很难过。你想，下次我们来这里玩儿时要穿什么衣服，你的膝盖才不会受伤呢？"

尽管如此，你也不要期望孩子会做出完美的决定。随着经验积累与心智渐渐成熟，孩子的决策能力会越来越高，但是他们不可能永远都不出错。任何人都不可能。

要对孩子的恐惧有同理心

“这有什么好害怕嘛！”

“你看其他小朋友玩儿得那么开心，真的没有什么好怕的！”

“小瑞，这个又没有什么，你到底在怕些什么呀！”

小瑞5岁了，是一个各方面都健全的孩子，但有一个问题却令他的爸爸感到困扰——小瑞非常恐高。爸爸在暑假期间带小瑞去游乐园坐摩天轮，没想到，当别的孩子都兴奋地坐上去时，小瑞却怎么也不愿上去。他神情畏惧地望着那高高的摩天轮，仿佛它是一只大怪兽似的。无论爸爸如何好言相劝，他就是紧抱着爸爸不肯松手。

小瑞的恐高，令爸爸感到很头痛。当他看到别的小朋友都疯狂地玩摩天轮，自己的儿子却吓得不敢靠近它时，他感到非常挫折、愤怒又丢脸。他曾经花了好长一段时间，对儿子好言相劝、苦苦哀求、贿赂、责骂，甚至羞辱，想要让他鼓起勇气试一试，但是随着时间推移，情况丝毫没有任何改变。

强迫孩子克服恐惧，只会加深他的阴影

许多年仅5岁的孩子的确还不敢坐摩天轮，但这也不是什么严重的问题。只是小瑞的问题不止于此，因为他不仅要面对恐高的挑战，还有个对自己的恐高没有同理心的爸爸。小瑞不只是害怕，还感到非常孤单，因为他觉得连爸爸都不了解他，爸爸的态度让他觉得更困窘、更羞愧。

其实，要解决这个问题非常简单——不带小瑞去坐摩天轮！即便幼儿园其他小朋友都高兴地玩着摩天轮，唯独小瑞一个人在骑旋转木马，那又有何不可呢？至于孩子何时开始克服自己内心的恐惧，父母何不让孩子自行决定呢？强迫孩子一定要克服恐惧，只会加深他的阴影罢了。

当孩子受到惊吓的时候，父母绝对不可以说："这根本

没有什么嘛，有什么好怕的呢？”因为此时孩子是真的非常恐惧——在他们单纯的脑海里，会出现各种可怕的画面。例如，有些孩子看到小丑的脸上涂满油彩，还戴上一个大大的红鼻子，他们很可能会被吓得惊慌失措。虽然父母觉得孩子的反应非常有趣、可爱，但是千万不可因此而嘲笑孩子，因为在孩子幼小的心灵里，他们是真的非常恐惧。

让孩子了解，你完全能够体会他的感受

如果你的孩子非常害怕某件事，你必须让他了解，你完全可以体会他的感受。例如，问他：“你很怕高，对不对？”

在这个时候，父母不妨扮演记者的角色，通过询问的方式深入了解孩子害怕的理由，以同理心的观点来理解事实，而不是竭尽所能地挑孩子的毛病，挑剔、批评孩子。

通过不断的询问与详细的了解之后，或许你会找到孩子在认知上的错误，进而除去他心中“恐惧”的阴影。

例如，当孩子被飞蛾吓得惊慌尖叫时，如果你对孩子说：“你是笨蛋哦，飞蛾又不会咬人。”孩子一定不会相信你的话。在这种情况下，你可以耐心地询问他：“你为什么这么害怕飞蛾呢？”孩子可能会回答你：“因为它会咬人又

吸血！”这时，你便可以向他解释，有些昆虫的确会咬人又吸血，譬如蚊子，不过飞蛾绝对不会咬人又吸血，如此便能够缓和他内心里的恐惧。

即使孩子不知道自己恐惧什么，父母仍应体谅他的感受

有时候或许连孩子本身也说不清楚自己到底在怕些什么，此时父母仍旧应当体谅孩子的心情。如果小瑞的爸爸曾经对儿子说：“我看那个高高的摩天轮好像也很怕你呢。”或“没关系，我小时候也和你一样非常怕高，不过后来坐过一两次摩天轮后，就开始喜欢上它，然后就不怕了。”或许你短短的几句话，就可以改变孩子的态度。

如果小瑞始终都听不进去爸爸的话，爸爸就该体谅地对他说：“不想坐摩天轮没有关系，你可以先去玩其他没有那么高的游乐项目。”当解除了来自爸爸的压力之后，小瑞就可以自行决定要不要克服对高度的恐惧。也许某一天，甚至就在下一刻，他突然想通了，鼓起勇气去坐摩天轮。

适当放手，孩子才有学习独立的机会

父母总是担心孩子在成长过程中会孤立无援，脑海中时时刻刻都在想着，万一孩子遭遇困难时，该如何立刻援助他。于是，他们变得紧张兮兮的，随时随地在孩子的身边打转儿，准备在孩子的第一个麻烦信号出现时，立刻将它消灭、解救孩子。

但是，这些父母很容易因此而做太多、做太过，就连孩子自己可以做的、应该做的事情，这些父母也都抢着去做，若不这样做，他们心里的紧张与忧虑就无法消除。但他们却忽略了，这样的教育态度对孩子只有害处，不但无法教出心性、意志坚强的孩子，孩子长大成人后，也会走向无力自给自足的困境。

在恰当的时候介入，孩子才有机会学习独立

当看到孩子陷入麻烦与困境时，所有的父母都想立刻介入保护孩子，然而这却不是对孩子“爱”的表现，对孩子“爱”的最根本表现，就是学习选择在恰当的时候介入，当然这需要有很强的自制力才能做到。

在你急于介入为孩子排除问题之前，请先冷静下来好好想想，并自问：“我应该提醒孩子记得带作业吗？如果没有提醒他，会有什么后果？他会被老师处罚？或我应该刻意忽略这件事，让他得到应得的处罚，这样他以后才会自我警惕，毕竟我无法让他依赖一辈子！”

如此“刻意的忽略”才是真正的爱孩子、对孩子仁慈，也才是孩子真正需要的。真正的保护孩子，是训练孩子日后有能力保护自己，而这个教育的关键技巧就在于，父母必须清楚知道哪些事情“应该做”，哪些事情“不应该做”。

父母不应该做的事情

- 急着介入。抢着为孩子解决问题，也许会让父母感觉松了一口气、放下心中的一块石头，但与此同时，我们也剥夺了训练孩子解决问题能力的机会。当我们给孩子机会与力

量，让他自己试着找出解决问题的方法时，他会有成就感、会自我肯定，也能比较快地建立起信心。所以父母应该扮演的角色是，在孩子需要时适时提供协助的配角，而不是抢着当孩子人生的主角。

• **让“如果……后果会……”的想象绑架了自己的理智。**生活中，原本就充满大大小小的状况，而父母往往因为过度紧张，杞人忧天地预想许多状况，并想象其不幸的结果，最后被那些尚未发生或根本不会发生的想象吓得失去应有的理智。

父母在看到孩子遭遇挫折时，经常会忘记理智与同理心，急于介入，保护孩子免于承受相同的伤痛，却忽略了孩子的多变性。其实，同伴间的玩闹不一定会造成伤害，因为昨天老爱取笑我们的孩子是“雀斑妹”的女孩，明天可能就是她的知心好友。

所以，父母千万不要让“如果……后果会……”的想象勒索了你的理智，凡事先保持冷静与理智，再视情况适时地介入。

• **让孩子觉得因挫折而难过是弱者的行为。**见到孩子幼小的心灵受伤了，急着想办法帮孩子解决问题，这原本无可厚非，但这只能解决孩子的问题，却不见得能帮助孩子消除内心强烈的负面情绪。

父母要帮助孩子明白，挫折、伤心等不舒服的感觉是正常的，每个人在生活中都会遇到不如意的事，只要保持乐观态度即可，不需要觉得那是丢脸或懦弱的行为。如此，孩子在烦乱时才会愿意主动向父母求助。

- **逼迫孩子处理超出其能力的问题。**教导孩子独立，并不表示必须强迫他面对他所深感恐惧的事情，而是应该尊重孩子独立的能力与速度。

例如，在教孩子学习游泳时，有些本身就是游泳好手的父亲会毫不留情地把孩子丢入水中，然后对孩子说："游过来，不然就让你沉下去！"他们认为这是训练孩子勇气与独立最有效的方法。殊不知，对孩子来说，突然被丢入水中，身边没有任何人可以协助，即使是有父亲站在池边鼓励，也是非常可怕的经历，这样的经历可能会使孩子往后对水心存畏惧。

训练孩子独立时，最重要的——确保孩子有绝对的安全感——意即要让孩子觉得有人随时可以保护他，做他的后盾，不会让他陷入孤立无援的恐慌中。孩子会因为信心而产生勇气，变得独立。

父母应该做的事情

- **利用因果法则教导孩子**。如果父母每天对着孩子唠叨、叮咛、说教，相信一定会经常看到孩子不耐烦的神情，孩子甚至会把父母的抱怨、唠叨当成耳边风。为了避免产生这种结果，父母必须改变教导方式，接受孩子的不当行为、失败或错误。

父母只要轻松地因势利导，让孩子从行为的结果中学习，孩子所学到的也许比成天听父母唠叨所学到的要更多。

例如，如果孩子拒绝吃饭，他就得饿肚子；如果孩子深夜里看恐怖片，他就得面对做噩梦或半夜不敢起来上厕所而尿床的结果；如果孩子忘了带课本，他就得面对被老师处罚的后果；如果孩子不收拾玩具，他的玩具就会被送走，而且父母也不会再花钱给他买。

- **利用引导法协助孩子自己找答案**。孩子的问题可显示其内心真正的想法与感受，如果处置得当，不但可以帮助他们解决问题，还能缩短亲子之间的距离，而父母的回答对孩子的思想与态度都有极大的影响。

例如，孩子对同伴的恶作剧感到非常生气，并难过地向父母抱怨。这时，父母可以提出下列问题引导他思考：

“你想对那个人说什么？”

“下一次再发生时，你可以怎么做？”

孩子所需要的是解说而不是定理或指令，而父母也不要装出一副无所不知、无所不晓的模样，因为这对解决问题毫无帮助。在回答孩子的问题时，绝不要像对学生口试那样，而应该像朋友在讨论问题那样，以问答的谈话方式回答孩子的问题，也对孩子提出问题，一步一步引导孩子思索问题，慢慢把孩子的思路引导到新的方向上。

- **以同理心倾听孩子。**看到孩子难过、生气、害怕、失望时，父母必须克制自己想抚平孩子伤痛的冲动。这时如果能够以同理心来倾听且不做任何评论，通常会比积极介入为孩子解决麻烦，更能表达父母的关爱之情。

所谓“同理心倾听”，是指不但要张开耳朵倾听孩子的故事，还要睁开眼睛观察孩子的肢体反应，看看孩子的面部表情和手势，是否双眉深锁、紧咬牙关或生气跺脚。从肢体语言可以看出孩子内心的感受，然后再以安抚、非批评的语言回应孩子，帮孩子认识自己的情绪。

要对孩子有加倍的耐心

每天早上，你都得在上班前，先把孩子送到幼儿园（或小学）。这天早上，女儿坚持要自己穿衣、穿鞋。她努力地要把上衣的扣子扣上，5分钟过去了，她仍很有耐心地努力着。你因担心上班会迟到，伸手想要帮忙，但被她拒绝了。接着，等待她把鞋带绑好，更是对你耐心的一大考验。

年幼的孩子在许多方面都很容易让父母失去耐心，例如，吃早餐的时候慢吞吞的，还边吃边玩儿；不肯让你帮他穿衣服、鞋子；突然闹情绪不想上学。对于时间紧迫的父母，这些状况会把他们搞得耐心全失，甚至情绪失控。

父母必须了解自己为什么对孩子不耐烦

很多父母也许无法理解自己为什么会对孩子不耐烦。但若仔细想想便不难明白，当家里有了孩子以后，为人父母者对于自己生活的掌控能力将会变得越来越弱。

例如，没有孩子的时候，若想到商场购物，只需花10分钟做准备，便立刻能轻松出门；但有了小宝宝以后，却得花上1小时做准备，你得先帮宝宝穿好衣服，然后准备自己和宝宝需要的东西，包括奶瓶、奶粉、玩具、纸尿裤、湿巾等，如果宝宝在这个时候还不小心打翻了水杯，你的怒气必定会冲到脑门上，接着大发雷霆。

孩子既没有时间观念，也没有效率的概念，做任何事情几乎都要父母唠叨、催促。你绝对不可能每天晚上8点以前，就可以让孩子乖乖地吃完晚饭、洗好澡、刷完牙、听完故事，然后安静地躺在床上睡觉。如果你对这样的生活状态还没有做好准备去接受它，你就很容易对孩子的行为感到不耐烦。

不耐烦情绪会导致事倍功半的结果

不耐烦的行为经常是非常没有礼貌的。当你催促孩子说

“快点儿，快点儿”时，想必你的嗓门一定会越叫越大声，而你这种缺乏耐心的举动，有可能会抑制孩子的发展潜力。身为父母的你，如果对孩子缺乏耐心，就绝对不可能营造一个温暖、安全的环境，让孩子悠闲地探索、发展。

父母在对待年幼的孩子时，一定要控制自己的情绪，并好好培养耐心，以免因为不耐烦的情绪，让你事倍功半、适得其反。例如，孩子花了好长时间却还没能把鞋带绑好，在这个过程中你不断地对他说：“快点儿，快点儿！”“哎呀，我来帮你绑比较快！”但是孩子可能会很执着，把你绑好的鞋带拆开，坚持要自己绑，甚至还会又哭又闹，到头来你反而会浪费更多的时间。

培养耐心的4个诀窍

- **把出门前的准备时间增加1倍。**当你准备带孩子出门之前，计算准备时间时，别忘了要把孩子磨蹭的时间也算进去。当计算好准备时间后，再将时间增加1倍。意即，如果你计算需要1小时的准备时间，那么你就得预备2小时的准备时间。如此一来，你就会有充足的时间让孩子自己拉拉链、仔细地挑选玩具，或是耐心跟他解释种种问题，而不会因为着急而气急败坏。

• **深呼吸，让自己冷静下来。**发现自己开始不耐烦时，就深呼吸一口气，并把自己的感觉说出来："我已经快不耐烦了。"然后强迫自己冷静下来，如此便会多些耐心。

一般而言，人们在面对自己的家人或在自己家里的时候，容忍度都比较低，也都比较容易失去耐心。因此，当你不耐烦的时候，先注意自己身体的反应，你是否已经咬牙切齿、肌肉紧绷、心跳加速。若是如此，就要试着放松身体，以减轻内心的压力。

• **重点交代清楚后，就别再啰唆、唠叨。**当父母每次叫孩子去洗澡时，将"你再玩儿3分钟，然后就得去洗澡"这样的话唠叨上5次，孩子才肯乖乖地听话，其实你是在告诉孩子："你再玩儿15分钟，然后就得去洗澡。"

不过，当你第五次说"你再玩儿3分钟，然后就得去洗澡"时，相信你已经用了嘶吼的声音，而且情绪已经到了忍无可忍的程度。但其实，你此时的忍无可忍并非缺乏耐心，而是感到愤怒，气愤自己居然无法控制这个孩子，于是把这股怒气发泄在孩子身上。

所以，除非你可以说到做到，否则千万不要随意把"再玩儿3分钟"之类的话挂在嘴上。如果你说出口了，即使必须把孩子硬拖去洗澡，也得彻底执行。

- **承认自己耐心不足、修养不佳。**在你愤怒的时候，就该让孩子明白他的行为已经令你极不耐烦了，但与此同时你也要向孩子道歉，告诉孩子自己下次不会再那么粗鲁，借此让孩子了解父母并非十全十美，而且任何人都有犯错的权利。

要偶尔让步，让孩子得逞、任性一下

几乎所有年幼的孩子都不免偶尔会来个小小的叛逆，然后为了保护自己，也为了不想惹爸爸妈妈生气，更为了不想被处罚，所以会撒个小小的谎言以掩饰自己的“罪行”。

当你发现儿子的脸上残留了许多饼干屑，地板上还散落着几张饼干包装纸时，情况再明显不过了，儿子刚刚偷偷吃了几块饼干。你发现儿子越来越聪明，你明明把饼干收藏得很好，但他总有办法找到。你问他：“你是不是偷吃饼干了？”儿子猛摇着头回答：“没有，我没有吃饼干！”

这个时候，你应该责骂孩子吗？

偶尔让孩子享受一下“偷袭成功”的喜悦

每个人都需要偶尔放松一下，孩子当然也不例外。孩子有时候因为调皮犯错，忍不住大哭一场，然后含着眼泪接受罚站的处罚；有时候孩子则表现得非常乖巧，在你工作或讲电话时，完全没有吵你。但不论孩子的表现好坏，父母也不需要时刻把规则的绳子拉得那么紧，偶尔假装没有发现孩子偷吃糖果，不但可以让孩子因此尝到糖果的甜头，同时他也会感受到“偷袭成功”的喜悦。

其实，偶尔让孩子得逞一下，并不会对孩子造成任何伤害，不过只能是偶尔为之。而且，在故意让孩子对糖果“偷袭成功”之后，你必须明确要求孩子遵守规定，让他明白，你明察秋毫，他休想在你的背后做一些偷偷摸摸的事。他这次“偷袭成功”，是因为你偶尔放松了“警惕”而已。

只要不危及孩子的安全与健康，有时向孩子投降也无妨

通常，在刚开始订下规定时，父母只需说几句话，便能让孩子乖乖听话，如“不准偷吃桌上的饼干”；或者，开诚布公地向孩子解释：“吃这个东西会让你肚子痛”。但是，过不了多久，通常不出两个月，孩子就会开始不断地哀求

你，希望你能够改变心意。

当孩子苦苦哀求你改变心意时，若你对孩子装聋作哑或分散他的注意力都无法改变孩子的心意，那么你恐怕也别无选择地只能——向孩子投降——只要他的要求不会危及其安全与健康，父母不妨满足一下他的要求。

越是得不到的东西就越想得到，这是人的天性。父母也许不喜欢孩子看太多电视，但是如果完全剥夺孩子的欲望，反而会让孩子更沉迷于他的欲望。相对地，若你偶尔对孩子投降一下，满足他的欲望，他反而比较不会被外界的事物所吸引。

也许，向孩子投降不是一个好办法，因为它无法避免为孩子带来负面影响，但是这个办法至少可以让孩子不至于沉迷其中。

父母当然应该给孩子灌输“遵守规则”的观念，但并非所有的事情都毫无妥协的余地。你可以规定孩子每个月只能吃一次冰激凌，你可以规定孩子不可以把根本就是糖果的彩色玉米片当作早餐。一般来说，通常孩子在连续几天大快朵颐之后，他便很快地就会把彩色玉米片抛到脑后了。

有时要让孩子小小任性一下，以便让其释放压力

在成长过程中，孩子难免会有灰心、挫折的时刻，有时是因无法承受成长的压力，想要暂时休息一下，甚至会出现退步的情况。例如，已经能够清楚表达的孩子，会突然行为倒退，不使用语言，而是反常地以打人、闹脾气的方式表达自己的情绪。

对于幼儿来说，这种行为倒退的反常行为其实是正常的，有时候孩子在往前跳一大步之前，必须先往后倒退几小步才行。通常，当孩子感觉到压力太大、换了新环境、上了幼儿园、突然变成哥哥姐姐后，都不免出现行为退步的情况。然后，突然间他又恢复正常，而且变得比以前更懂事。

当孩子的行为突然倒退时，父母最好的应对之道，就是放松对孩子的规范，让他小小地任性一下，以便让其释放压力。

例如，假使孩子想要和弟弟或妹妹争宠，硬要将身体挤进高脚椅里，那么就让他坐在高脚椅上吃饭吧，千万不可以责骂或是嘲笑他。让他任性几天，并不会造成任何伤害，父母甚至可趁此机会告诉孩子："今天就让你坐在高脚椅上吃饭，不过你已经是大孩子了，所以明天就不能再坐喽。"

如果数周之后，孩子这种行为倒退的情况依然没有改善，这便极有可能是一种信号，代表着孩子无法继续承受沉重的压力。此时，父母就应仔细观察孩子，并为其找出减压的方法，千万不要因为一时心急，就开始责骂孩子。

管教孩子时，必须衡量事情的轻重缓急、孩子的年龄以及当时的情况。只要几条简单的规定，并且持之以恒地执行，年幼的孩子自然会渐渐明白规定的内涵，并将它们吸收、内化。与此同时，父母要记得：游戏、快乐、无压力的生活环境，才能让孩子的身心得到更健康的成长。

第4章

让孩子自律的7个诀窍

打骂虽有一时之效，却留下永远的负面影响

当孩子不受控制、犯错的时候，爸爸妈妈到底该不该体罚孩子呢？这个问题的答案一直存在着争议。几乎所有的专家都一致反对用打骂的方式管教孩子，但是根据问卷调查数据显示，超过半数以上的父母赞成体罚的管教方式，其原因或许是他们从小就是在打骂教育中长大的，也或许他们认为体罚可以收到立竿见影的效果，让孩子不敢再去做危险的行为。

体罚孩子的确是个非常有效率的方法，能够迅速防止孩子再犯同样的错误，但是我却认为父母不该采用体罚，毕竟在管教孩子的过程中，效率并非最终的追求目标。

许多专家经常错误地认为："打孩子完全没有用，孩子

绝对不会因此而变乖。”所以反对父母体罚孩子。但若仔细思考便不难发现，假如体罚真的没有效果，为什么这种管教方法会流传数千年，又为何会有这么多的父母对这样的管教方式深信不疑呢?

根据统计，体罚与耐心两种管教方式，成功概率其实相差无几，而这也就表示，体罚确实效率佳、效果快。只是，这种方法会产生的后遗症是，当父母一旦动手体罚孩子之后，从此在教育的路上，你必须一路不停地打下去。

当孩子调皮捣蛋时，若你采用打骂的方式，只需短短的几十秒钟，孩子立刻会乖乖听话，这是一种既方便、快速又有立竿见影效果的方法；而若你采用的是耐心的方式，先和孩子讲道理，然后再将他罚站几分钟，之后再安抚他的情绪，这前前后后便得花上至少半小时。因此，很多父母喜欢用打骂的方式管教孩子。

但即使如此，我仍认为父母还是不该使用打骂的管教方式，因为这会产生以下负面结果：

打骂只能得到一时的效果，却无法改变孩子的本性

当孩子打破装着茶水的玻璃水壶时，如果换来父母的一

顿打骂，绝大部分的孩子都会牢记不可以再去碰玻璃水壶。

这样的结果并不是父母管教孩子的初衷，父母的目的不只是要孩子立刻停止玩危险的玻璃器皿，而是不要玩所有具有危险性的物品，更重要的是，要孩子从中学会自我约束，如此，当大人不在时，孩子才不至于发生危险。

当父母使用打骂的方式教导孩子时，孩子并不了解自己的行为有何错误，他们只会得到两个结论：一是玻璃水壶不可以碰，其他东西可以！二是下次再捣蛋时，千万不要让父母抓到。

虽然耐心教导的方式需要耗费较多的时间精力，但是可以令孩子了解父母订立规则的真正目的，如此一来，即使父母不在身边，孩子也会遵守规定，避免受伤。

打骂是在鼓励孩子以暴力解决问题

当你看到大儿子打了弟弟或妹妹时，便动手教训大儿子。在这种氛围下，孩子所接收到的信息并不是“打人是不好的”，若真的要打人，必须只有在自己个子、力气都比对方大时才可出手。可见，打骂的管教方式只会增加孩子打人的欲望。

有些父母平时并不打孩子，但当遇到孩子的行为危及自身的安全时，便会情急地动手打孩子屁股一下，此举动是要让孩子知道：绝对不可以玩炉火、不可以自己过马路、不可以把手指伸进插座或电风扇里等。

但是我认为，无论多么情急，父母都不应对孩子使用打骂的管教方式。父母的责任就是为孩子建立一个没有暴力的成长环境，如果你每次感到不耐烦或情急之下，便反射性地打骂孩子，也就很难避免孩子会模仿。

打骂，也许会让孩子怕你，但绝不会尊重你

管教孩子的主要目的之一，就是希望孩子能够学会自我约束，而且在进入青春期之后，仍然愿意接受父母的管教。如果从孩子年幼时你便养成跟孩子讲道理的习惯，等他到了叛逆的青春期时，可能也会比较容易听从你的建议。

总之，管教的最大重点是，你必须让孩子了解，就算他犯了严重的错误，依然可以得到父母的协助。但是，如果你惯用打骂的方式管教孩子，会使孩子从小就怕你，当他遇到困难时，也不敢或不愿向你求助。

假如你以为只要严加管教，孩子就绝对不敢乱来，那你就大错特错了。孩子在你面前确实不敢乱来，但是在你的视线外，不管他闯下多大的祸，他都不会也不敢找你帮忙。这应该不是你想要见到的结果吧？

听到孩子说“我恨你”时，别太认真

“我恨你”这句话，并不是只有个性叛逆的孩子才会对父母说，即使孩子性情温和或平时沉默寡言，你也可能会听见他对你说“我恨你”。

当你第一次亲耳听见孩子对你说“恨”这个字时，相信你一定会有晴天霹雳的感觉。如果你的孩子平时就很伶牙俐齿，那么你得做好心理准备，因为他可能会对你说出“我恨你，你是坏爸爸（妈妈），你走开，我永远都不要看见你”这类令你伤心难过的话。

孩子对你说话恶毒时，不要跟他记仇

孩子在学会说话以后，他们会对你说贴心的话，也会说

出非常恶毒的话。当孩子对着你怒视谩骂时，想必你心里的感受绝对不会是："我的宝贝实在太聪明了，才这么小就能如此流利地骂人！"

此时，除了觉得受伤之外，你可能会更担心，自己是不是生了一个桀骜不驯、无法管教的孩子。你会自责并不停地反问自己："我到底做错了什么？我那么尽心尽力地照顾孩子，为什么孩子却如此痛恨我？"

父母无条件爱孩子，孩子却想脱离父母

事实上，亲子之间对于对方的感受，往往有着很大的落差。父母对孩子的爱是无条件的，对孩子总是无私地奉献与牺牲，不管多么辛苦，只要想到自己的宝贝，幸福的感觉便油然而生，即使再苦再累也都甘之如饴。

然而，孩子对于父母的爱却截然不同。幼年时必须完全依赖父母的照顾，但随着年纪渐长，他们渐渐认识到自己是独立的个体，在思想、个性、情绪、喜好等方面，他们都与父母不尽相同。因此，他们从年纪很小时便开始追求独立、争取自主权，逐渐开始脱离父母。

想脱离父母，却无力独立，所以口出恶毒语言

脱离父母，这件事情总是让孩子挣扎不已。一方面，他们非常向往能够独立自主，不必受到父母的约束；但另一方面，他们又非常恐惧离开父母，生怕没有父母可以依靠，未来不知道会如何。

有时候，孩子为了强迫自己下定决心脱离父母，所以对父母说："我恨你。"但是，有时候又因为看到父母要抛下自己去上班，或是要把自己送到学校时，在焦虑、情急之下，便对父母脱口而出："我恨你。"此时孩子口中的"恨"，其实有种赌气的意思，表示："你想离开我吗？那最好，反正我根本不在乎你，我也想离开你！"

有些父母会因为孩子态度上的转变而担忧不已，并且不停回想自己到底哪里做错了，为什么先前那个体贴又听话的孩子，突然变得好像跟自己有深仇大恨似的。

轻松应对孩子的伤人语言

当你的孩子气愤地对你说"我恨你，你是坏妈妈！我要一个新妈妈"时，你不必太认真、不必感到心痛，也不必急着自我怀疑，你不妨轻松地回答他："好啊！那我就把你送

到××家，你去当他们家的小孩，这样你就有新妈妈了！你说好不好？”这时他就会立刻想到你有多爱他，而他也只有在你的保护下才能“兴风作浪”。

或许，父母对“新妈妈”的解读是，更有耐心、永远不发脾气、永远不会责骂也不会约束或限制孩子；但孩子的解读却并非如此，他们认为“新妈妈”应该是，孩子想吃多少零食就吃多少、不想吃青菜就不要吃、想看多久电视就看多久、把沐浴乳倒在地毯上也没有关系。如果你知道孩子的这些愿望后，相信你就能明白为什么他会想要换一个“新妈妈”了。

向孩子保证，他虽对你口出恶言，但你依旧爱他

面对孩子这种因急于想要脱离父母而口出恶言的态度，父母最好的对策就是，千万不要表现得大惊小怪。当孩子对你口无遮拦时，如果你的回应是：“小孩子怎么可以不爱妈妈呢！”“怎么可以说这么难听的话呢！”这样的答复将会使孩子觉得长大成人并不是件美事。

你不妨对孩子说：“讲话也会伤人的。”“在我们家不准讲恶毒的话。”当你教导孩子“好好”讲话之后，相信也

可以借此平复他波动的情绪。

你一定要平静地、体谅地向孩子保证，虽然他对你恶言相向，但是你依旧疼爱他、保护他，孩子绝对不是故意要伤害你的，相信此时孩子一定也非常后悔，非常恐惧自己乱说话的下场，而你的保证则可以令他如释重负。

一旦决定去上班，就不要觉得愧对孩子

如果你同时身兼新手妈妈与职业女性两种角色，相信你每天除了感到身体疲惫不堪之外，对孩子的愧疚感更是日夜不停地啃噬你的心灵。

每天，当你必须离开孩子去上班时，心情便会变得非常内疚。然而，这种内疚的情绪不但对孩子毫无益处，反而会增加你的紧张和压力。所以，你此刻就必须仔细考虑清楚，到底要不要让这种愧疚感持续下去，让自己的情绪一直停留在哀伤的氛围中，或者就此摆脱心里的沉重负担与压力，让亲子关系变得更健康。

如果你外出上班是为了维持家计，那么你大可不必感到

愧疚，你完全没有必要把宝贵的时间与精力浪费在懊恼的情绪上。因为孩子迟早会了解，你所做的一切全都是为了他的幸福生活，为了尽到父母的责任，是你的牺牲、奉献让他拥有了一个安稳的成长环境。

如果真的很想外出工作，就快快乐乐去上班吧

有些妈妈虽不需要负担家计，但因为热爱工作，享受工作所带来的成就感等，如此，要克服内心的愧疚感恐怕会比较困难，但是换个角度想，热爱工作并没有什么错啊。

通常，新手妈妈在决定离开孩子外出工作时，内心会产生强烈的内疚情绪，这是因为她对孩子的爱胜过于对工作的热爱，偏偏她又很清楚自己比较喜欢待在公司，不喜欢整天窝在家里。但是，仔细想想，谁又不是如此呢？

上班的时候，你可以偶尔喝杯咖啡休息一下，你可以放松心情好好地吃顿午餐，可以随时去上洗手间，你的老板不会像孩子一样对你莫名其妙地闹情绪、乱丢东西。你宁愿面对难缠的客户，也不想整天跟在孩子后面忙着收拾、保护和安抚。还有，上班让你有收入，但待在家里每天累到筋疲力尽却得不到分文。所以，如果你真的想去上班，那就别再折

磨自己了，快快乐乐去工作吧。

不要因为弥补的心态，而纵容孩子为所欲为

当你因为外出上班而对孩子心存内疚，往往会在管教孩子时，纵容他为所欲为。

就以某大企业的公关经理凯特为例。每天早上她把2岁的女儿小莉送到保姆那里时，女儿就会立刻号啕大哭。凯特因为白天无法陪伴女儿而心存内疚，因此每天晚上都让女儿和自己一起睡觉，想借此来弥补对女儿的愧疚。

但是，白天的繁重工作，加上夜里女儿睡觉时又常常哭闹，使得凯特无法得到充分的休息。在长期睡眠不足的情况下，凯特变得对女儿越来越没有耐心、脾气暴躁、火气越来越大，进而影响到女儿的情绪，她变得越来越爱哭。

为了改善这种恶性循环，凯特向公司请了半个月的假，专心在家里陪伴女儿。女儿的确变得非常高兴，但是每天晚上依然坚持要和妈妈一起睡。凯特最后终于把道理想通了，此后，她坚持要女儿必须在她自己的房间睡觉。

如果你也和凯特一样，为了工作而对孩子心存内疚，你除了可能会溺爱、纵容孩子之外，还可能让孩子因此而讨厌

“工作”。因此，当你的孩子紧抱着你的大腿哭求你不要离开时，不论你是因为热爱工作或因为工作的收入可以维持家计，都不妨直接地向孩子解释清楚。

即使是全职妈妈，也要定期离开孩子

即使你是全职妈妈，也必须牢记一点，虽然你整天都待在家里照顾孩子，仍然需要定期离开孩子，出去透透气，如此才真的有利于亲子关系的健康发展。

只要是年幼的孩子，没有一个不希望父母可以一天24小时都陪伴自己。但是，这种做法其实很不切实际，因为没有任何父母能够一天24小时地照顾孩子，因此，即便你是个全职妈妈或全职爸爸，也一定要寻找适当的途径，转换自己的情绪。例如，担任定期的义工或定期去上健身课程等。

即使没时间陪伴孩子，也要让他知道你爱他

不过，就算你是个必须外出工作的爸爸（妈妈），你一样可以把亲子关系处理得皆大欢喜。例如，每天出门上班前，记得对孩子说“我爱你”。也许你认为这么做过于虚伪，因为“爱”不该只是嘴上说说，而要实际付出。

没错，“爱”要实际付出，不能只是嘴上说说。问题是，工作占去了你一天中最多的时间与体力最佳的时刻。你每天匆忙地出门上班，下班回到家后，还要应付孩子永无止境的要求，往往容易因为疲劳而耐心全失，对孩子大吼大叫或没有力气理会孩子。

所以，你必须珍惜、把握早晚能与孩子相聚的时光，让孩子知道你对他的爱。你不需要每个月或每几个月费时费力地带孩子去游乐园玩儿一趟，因为这永远都比不上你每天花一点点时间把注意力放在孩子身上更能让孩子体会到你对他的关心。

规矩少又简单，才能发挥最大效果

妈妈从幼儿园接小龙放学回家，没想到小龙才踏进家门没几分钟，就连续犯了几个错误。

· 看到儿子脱下外套丢在地板上时，妈妈立刻纠正道："把外套挂起来。"

· 儿子喊肚子饿，正要打开饼干盒，妈妈便阻止道："吃晚饭前不准吃饼干。"

· 看到儿子光着脚，妈妈立刻命令道："去把拖鞋穿上。"

· 看到儿子把一本故事书随手放在椅子上，她马上说："你很清楚不可以乱丢东西的。"

· 儿子上桌准备吃晚饭时，她看了他一眼并说："你是不是忘了，吃东西前要先洗手的。”

· 看到餐盘上已经削好的奇异果，小龙条件反射地说：“奇异果难吃死了，真的很讨厌吃它。”妈妈立刻斥责道：“不准说‘讨厌’这两个字。”

· “可是它真的很难……”妈妈不让儿子把话说完，便纠正道：“我的话还没有讲完，你不准插嘴！”

· 看到儿子想要辩解，妈妈又说：“嘴巴里有东西时，不准讲话，这样很没礼貌。”

无须对孩子的所有错误都严格纠正，要视轻重而定

这位妈妈的纠正都很正确，只是似乎没有必要严厉到令孩子喘不过气来。对一个幼儿园的孩子来说，犯错是难免的，而且要他记得那么多的规定，也未免太强人所难。管教孩子时，必须衡量事情的轻重缓急、孩子的年龄以及当时的情况。就以小龙的情况为例，妈妈这般紧迫盯人地纠正错误，只会让孩子无所适从，完全无助于改变孩子的行为。

当孩子犯了一连串的错误时，父母正确的做法应该是，对于比较不严重的问题，可以暂时忽略并以缓和的语气告诫，同时让孩子的注意力集中在重要的错误上，例如：

·当儿子把外套丢在地板上时，妈妈可以问他：“记得外套脱下来后要放在哪里吗？”

·儿子想吃饼干时，妈妈的回应可以是：“吃过晚饭后，你就可以吃一块饼干。”

·看到儿子光着脚，妈妈立刻命令道：“不穿拖鞋的话，你的脚会很脏哦。”

·儿子把故事书随手乱丢时，可以先忽略，看他是否按规定在晚餐前把东西收拾好。

·吃东西前要先洗手，这个规定关系到儿子的健康，所以必须严格要求。

·儿子拒绝吃奇异果时，妈妈可以问他：“你不是肚子饿了吗？”

当妈妈改变了纠正的语气，并忽略比较不严重的错误后，便可以把焦点放在最重要的错误上——饭前不可以吃饼干——相信孩子便可以牢牢记住并遵守这项规定。

要清楚地让孩子知道你的要求是什么

要避免孩子犯错，或让孩子知道什么错误绝对不可以犯，父母就该清楚地让孩子知道你对他的要求是什么。孩子需要规矩，也需要父母以一致性的态度执行规定，如果父母的态度无法一致，孩子就会自己找出一套标准。

不过，对孩子的要求与规定，必须依照孩子的发展阶段和行为状况来设定，并通过家庭会议的讨论，让孩子清楚且详细地了解这些要求与规定，同时可以像订契约一样，写下规定，并请每位家庭成员在上面签名。日后，每隔一段时间，就要把契约拿出来进行对照，如果家里的孩子还年幼，就要经常提醒他们规定的内容，以防他们忘记。

规则少、简单扼要，孩子才容易记住

规则不要订得太多，但必须公平明确、条理清楚、容易执行，让孩子可以轻易理解、记住与遵守。只要几条简单的规定，并且持之以恒地执行，年幼的孩子自然会渐渐明白规定的内涵，并将它们吸收、内化。例如，当孩子邀请朋友来家里玩儿时，父母可以事先告诉孩子可能会发生哪些情况，又该如何处理这些情况。

有了明确的规则，加上父母坚定的执行态度，便可以让孩子学习负责任。例如，要先写完功课才可以玩玩具或看电视；或要先把玩具收拾归位才可以看电视等。必要时，父母也可以在一旁监督孩子完成每项程序，如此不但可以培养孩子讨论的能力与服从的习惯，规则也才能够发挥最大的效果。

孩子闯祸时，不要问“是谁做的”

如果你有好几个孩子，相信每次孩子们犯了错误的时候，你一定很难判断到底是哪个孩子闯的祸。基本上，他们所闯的这些祸事，绝大部分都不是什么严重的错误，例如，忘记冲马桶、洗完手忘记关水龙头、偷吃饼干或蛋糕、忘了关上冰箱的门等。

其实，年幼的孩子很难不犯错，虽然有时是无心有时是有意，但是一旦犯了错之后，父母不该急着查清楚“哪个孩子是闯祸的人”，而应该问问所有的孩子“为什么会发生这种事”以及“应该如何改进”。

执意查明“是谁做的”，容易养成孩子推卸责任的习惯

身为几个孩子的爸爸（妈妈），在孩子犯错时，如果你一心要查明“是谁干的”，执意要把闯祸的人揪出来并加以谴责、处罚，只会令所有的孩子都感到非常羞辱、不被信任，并且养成他们推卸责任的习惯。

当你问孩子们“是谁做的”时，无论自己是不是闯祸的人，几乎所有孩子都会条件反射性地回答：“不是我。”然后开始把责任推给其他兄弟姐妹，甚至是家中的宠物身上。

孩子们的这种反应其实很容易理解，因为在他们的认知里，当父母询问“是谁做的”这句话时，就表示父母即将教训、处罚闯祸的那个孩子，而为了逃避处罚或不受牵连，于是孩子便养成了推卸责任的习惯。在这种环境中长大的孩子，日后将会不断地把一切责任与过错都归咎到他人身上，同时还会掩饰问题。

不要急着追究责任，而要向孩子明确指出问题的症结

如果你希望孩子未来成为一个勇于担责、面对问题，遇到困难时也绝对不退缩的人，那么，当孩子闯祸时，你就不应该追问“是谁做的”，而要当着所有孩子的面，明确指出问题的

症结，例如，“为什么厨房的水龙头用完后没有关上？”

当孩子们开始互相推卸责任时，你只需明白地告诉孩子：“我并不想知道是谁忘记关水龙头，我只想告诉你们，这样非常浪费！现在，你们说说看该怎么办？”

这个时候，孩子们通常会争先恐后地抢着去把水龙头关上。若真如此，你便要顺势赞美孩子表现得很好，知道关紧水龙头节约用水的道理，然后让整件事就此结束。

通过重复询问式的提醒，协助孩子记住规则

但是，若你的孩子是习惯性地忘记关水龙头，那么你就可以通过重复性提醒的洗脑方式，协助孩子记住这件事。年幼的孩子毕竟很难注意与牢记生活里的各种琐事，但是通过你重复询问式的提醒：“现在该怎么办？”相信一段时间后，当你的孩子一听到你说“浴室的灯怎么没关”时，那个忘记关灯的孩子，便会立刻自动地去把灯关掉。

上述这些“不追究责任”的管教方法，都适合纠正孩子的小过错。但是，当情况比较严重或麻烦时，例如当你怀疑孩子就是明知故犯的时候，你就必须查明“是谁做的”。不过，在你决定追问、究责之前，更应该要先自问：“孩子真

的有必要为此而受到惩罚吗？”

如果你觉得情况并没有那么严重，并不一定要揪出闯祸的人，那么你就不必一定要打破砂锅问到底；如果你觉得事态严重，必须查出闯祸的人时，就问孩子们到底是谁做的。

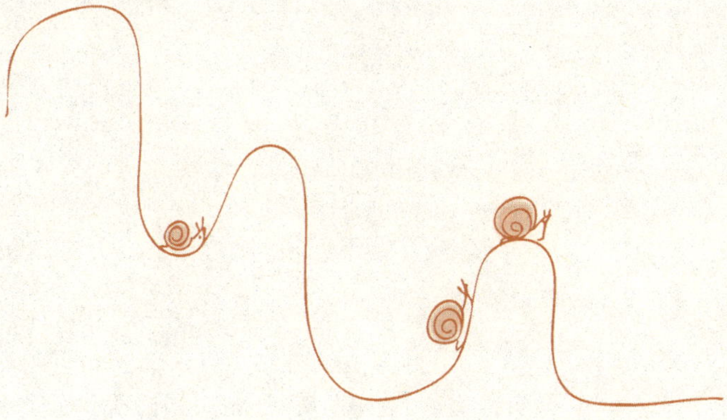

孩子口无遮拦时，别因难为情而责骂他

年幼的孩子天真地对阿姨说：“你好像电视里面那个胖子哦！”

年幼的孩子好奇地问叔叔：“你的耳朵里为什么会有毛？”

4岁的小女孩在马路上看到一个双手全是烧烫伤伤疤的人时说：“妈妈，那个人长得好丑！”

5岁的小男孩参加爷爷的葬礼时，问奶奶：“那你什么时候会死啊？”

大多数家中有幼儿的父母，多少都遭遇过类似上述这种难为情的窘况。在拥挤的公交车上、百货公司、餐厅、博物馆或在银行等候时，口无遮拦的幼儿可能随时都会“语出惊

人”，让父母羞愧、困窘到无处可躲。

年幼的孩子不懂得修饰言辞，总是直接地指出某个他注意到的与众不同的人，那个人可能是很胖的人、肤色不同的人、相貌奇特的人。他会大声“广播”他所观察到的一切，例如，“那个女人为什么那么胖？”“那个男人的皮肤为什么那么黑？”等，引来附近的每双眼睛全都转向你，令你尴尬得恨不得自己可以立刻变成隐形人，同时脑海中努力搜索着适当措辞，好向那位被批评的人士致歉，并纠正孩子的行为。

无论你这一次有没有想出完美的反应，或你不打算有所反应，都没有关系，但你要有心理准备，这种情况不会就此停止。

体谅孩子的童言童语

对成人而言，公开批评陌生人是很唐突且极不礼貌的行为，但对四五岁的年幼孩子来说，他还不大懂礼节，也不明白什么样的话会刺伤别人的心。在他纯真的心里，批评别人和赞美一朵花或一辆红色大卡车的意义是一样的。当他说一个人很胖时，那只是他的观察，他并不认为那样说是不恰当的，也没有侮辱或嘲笑的意思。因此，父母要体谅孩子的童言童语。

不要斥责孩子，要赶快转移孩子的注意力

即便孩子所说的话让你感到难为情，而周围人们不赞同的眼神与摇头更令你感到尴尬时，也不要因此就斥责孩子。

过去，孩子因为他的某种行为引起父母的注意与称赞，此时，他也一样希望他的发言能够获得同样的注意。因此，当他看见父母因为自己的话而窃笑时，为了让父母的注意力持续放在自己的身上，便会不断重复同样的动作或说同样的话。

你不该阻止年幼的孩子畅所欲言，但当孩子的语言伤害了他人，并令你感到难为情时，你要尽量避免让孩子看见你的反应，并赶紧跟孩子解释清楚，同时你还应该立刻采取行动，想办法分散孩子的注意力，但是，绝对不能因此而责骂孩子。

快速而小声地对孩子解释

如果可以的话，把孩子带到一个比较方便和他说话的地

方，然后向他解释为何批评别人是不恰当的；如果地点不允许的话，例如你们正好在公交车上，而且还要一段时间才能到家，那么就靠近他的身边，小声地向他解释。

告诉孩子，每个人原本就不一样，有些人看起来更特别，例如看起来很奇怪、很好笑、很丑，但是这些话绝对不可以当着别人的面说出来，因为这样不但很不礼貌，还会伤了别人的心。

让孩子知道，当他看到很特别或奇怪的人时都可以和你讨论，但要等那个人不在场时再小声地问你。如果你们仍在那个人的听力范围内，你就简短地向孩子解释，然后把话题转移到其他事情上。

最后，你千万别以为经过教导后，孩子就会改正口不择言的习惯，因为刺伤别人心灵这个概念，对于孩子来说实在过于抽象，孩子很难真正体会其中的含义，因此大人不妨往好的方面想想，及时把握孩子天真无邪的时刻。

多赞美、不压迫，孩子就会少犯错

身为爸爸（妈妈），你必须注意到一件事，就是当你为孩子定下了越高的目标时，孩子背负的压力就会越沉重。

在教育的过程中，父母往往会难以避免地把自己的价值观灌输给孩子，并期望或逼迫孩子按照自己的规划或理想发展。虽说这是父母的责任之一，不过，有时候父母也应该稍微放松一下，不要给孩子太大的压力。

确实，孩子需要在父母的规划、督促下成长，但是父母千万别忘了，游戏、快乐、无压力的生活环境，才能让孩子的身心得到最佳、最健康的成长。

孩子就是应该有一个尽情玩乐的童年

如果你5岁的女儿很想学小提琴，当你带她去学琴时，她可能会高兴得乐不可支，但是如果你想让女儿学习小提琴的目的，是希望她将来可以成为一位世界顶尖的小提琴家，那么你最好现在就放弃这样的念头。

你的女儿日后如果能够成为一位非常出色的小提琴家，这当然是一件美事，也满足了你的期望，但是你绝不可以为了达到这个期望，就严格督促她不停地练习拉琴。毕竟，这个年纪的小女孩，应该还是比较喜欢在公园里爬树、荡秋千、和同伴玩扮家家酒吧。

不要严格禁止孩子吃垃圾食物

除了关注孩子的教育问题之外，另一个让父母最关心的问题，就是孩子的健康。如果能够让孩子养成良好的卫生习惯，的确对于身体健康会有莫大的帮助，但是偶尔让孩子放纵一下口味，也不至对孩子的健康造成损害。

虽然我们知道经常吃油腻、垃圾食物，容易造成肥胖、心血管问题，但是，也无须矫枉过正，连孩子参加同伴的生日派对时，也禁止他吃垃圾食物，让他看着别的小孩子大快朵颐地吃烤肉、洋芋片吧。所以，父母只需要尽到正确教导子女的责任，但无须过分逼迫孩子。

正确的饮食习惯是打造孩子身体健康的基础，平时不但要让孩子多吃有益健康的食物，父母也要记得别在孩子面前吃垃圾食物。如果你严格限制孩子的饮食内容，让孩子养成良好的饮食习惯，孩子就会变得非常健康。

赞美，可降低孩子犯错的冲动

没有一个孩子不喜欢被人赞美。

当孩子守规矩时，父母若是能适时给予称赞，会有效地降低他犯错的冲动。不幸的是，绝大部分的父母似乎都吝于这样做，他们总是把焦点放在注意并纠正孩子每一个错误上。这种情况常常使得，当孩子努力表现良好的时候，总是极少得到父母的赞美。

其实，赞美孩子并没有那么困难。如果孩子表现得很好，就坦诚地赞美他；若是哪天他非常不听话时，你不妨赞美他一些与犯错无关的事，例如，赞美他成功把扣子扣上了、赞美他今天放学回家没有乱丢鞋子。当你不断称赞孩子时，孩子的自我感觉会越来越良好，同时也为了要表现得更好，而逐渐克制自己犯错的冲动，并对自己的表现更加满意。

大人的赞美有益于孩子的心灵健全。许多孩子在长大成人之后，经常会心情沮丧、情绪低落，他们总觉得自己一无是处，归根究底最主要的原因就在于，父母一直未能注意过这些孩子的长处。

孩子的自尊心需要父母精心呵护；孩子犯错后，要依情节轻重适度管教；父母越坚定贯彻规矩，就越容易帮孩子养成好习惯……通过日常生活中的各种经历开始练习好情绪，成功地帮孩子培养高情绪智商，建立情绪管理的技巧，让他更快乐、更自信，表现更出色。

第5章

掌握8个高EQ技巧，让亲子关系更和谐

不对孩子进行人身攻击，才能培养其自尊心

决定孩子未来成功与否的最重要因素，其实就只有三个字：自尊心。

孩子的自尊心到底从何而来？当然是来自父母，因此父母必须从孩子年幼的时候便开始培养他的自尊心。

当你教导孩子咳嗽或打喷嚏时要遮住嘴巴、要把自己的玩具和同伴分享、要爱护小动物等生活规矩的同时，还要记得时常告诉孩子，他是一个很优秀、很聪明又能干的孩子，所以他理所当然要得到最美好的事物，借此帮助孩子建立自信。

纠正孩子时要明确指出错误，但绝不可以进行人身攻击

每个父母都希望孩子在读书或工作上，能够对自己的表现感到满意，而父母一定要让孩子变得自信，这也正是近年来专家们所不断强调与呼吁的。但是，为什么有这么多的孩子缺乏自信，而且始终无法培养出成功的特质呢？我想关键因素在于——父母不断地压抑孩子。

父母在纠正孩子的行为时，有时候会因为情绪失控，而对孩子进行人身攻击，使得孩子的自尊心受到很深的伤害。为了避免这种情形发生在你和孩子身上，当你纠正孩子的行为时，必须明确指出孩子的错误，但绝对不可以进行人身攻击。

纠正孩子时要避免使用类似“你总是……”“你从来不……”等措辞，因为这些说法都没有明确指出孩子到底错在哪里，反而是不停地暗示孩子的人格有问题，这样的纠正方法只会使孩子变得自暴自弃。

例如，要求孩子把脸擦干净时，要说：“记得用纸巾把脸擦干净哦。”而不要说：“你这个恶心的脏鬼。”希望孩子把玩具收拾干净时，你只需纠正他的行为：“把地上的玩具放回箱子里。”而不要对他进行人身攻击：“你这个坏孩

子！每次都把我的话当耳边风，我叫你把玩具放回箱子里，你没听到吗？”也许你这番话的意思是要孩子把玩具收拾干净，但在孩子听起来，却觉得自己是一个坏孩子。

孩子犯错时，不要评估他的行为，只需说出你的感觉

我们常因和孩子之间不能好好沟通而感觉内疚不安。这些情况通常是因为孩子做了我们不喜欢的事情，我们对于孩子妄下评断而不说出自己的内心感觉所引起的。

当孩子做了不讨人喜欢的事情，告诉他“爸爸（妈妈）不开心”，远较直接陈述其错误更有助于纠正孩子的行为。

和孩子生气时不要常说“你如何……”，应该要说“我感觉……”。因为后者只说出父母的感觉，而前者却有评断、挑剔及指责，比方说爱莉奇和亚伦在房间内相互追逐，如果做父母的一下子就大声呼喝：“你们实在太野了，安静一下。”孩子们听后的反应通常是：“你说我们是野孩子，我才不在乎你的感觉呢！”如果你改说：“我想静下来休息一下，房间内这么吵，该怎么办呢？”这时候孩子会想到父母想安静而不是“我们是野孩子”。陈述父母的感觉比苛刻地批评孩子正确，因为这样不会伤害孩子的自尊心。

常和孩子进行一些有自尊的交谈

当你所爱的人亲密地和你交谈，倾听你的心事，并将心中的秘密和你分享时，你会觉得十分美好。

当你的亲友真正关心你时，他会有耐心倾听你的每一句话。对于孩子你就该保持这种态度，让孩子倾诉他的心事，那会使他觉得你和他十分亲近，对于增进其自尊心十分有帮助。

只要你肯花时间和孩子交谈，交谈时又以他为中心，孩子会觉得十分开心。以下是“如何和孩子开始交谈”的简单又有效的方法，就是让他说说他最擅长做什么，让他说说他认为最得意的事情是什么，让他说说今天做了些什么，和他玩动物游戏“如果我是小动物，我希望做……因为它有……优点”。让他说说最喜欢身体的哪一个部位，又最讨厌哪一个部位。让他说说他今天替别人做了一些什么事。问一问他：“今天爸爸妈妈做的哪一件事情让你觉得十分开心？”告诉孩子今天他所做的哪些事情使你感到很开心。告诉孩子他刚出生时是什么模样，告诉他他学走路的时候发生了什么趣事。告诉他一切他能记忆的美好事物。

不要杞人忧天，让孩子有表现自我的机会

许多父母常常因为过度担忧孩子未来的前途，而不断批评孩子。例如，“如果你这么肮脏，将来一定交不到朋友。”“如果你连每天要刷牙这点儿小事都记不住，将来怎么照顾自己？”有些父母经常喜欢不断诉说类似的内容，借以发泄自己心中的忧虑，但是这些父母可能没有想过，孩子未来的前途与幼年时的行为不一定有关，但是如果大人不断否定孩子，孩子迟早也会开始否定自己。

爸爸打抱不平地对孩子说：“我得和你的教练谈一谈，你这么强壮，表现又这么好，为什么不选你进校队？”这位爸爸充分表现了十分失望的态度，他一直希望能够踢好足球，只可惜一直未能达成此心愿，所以在他的内心深处总是想“将来我的孩子一定要踢好足球”。现在孩子没有被选入足球校队，做爸爸的觉得自己有受挫感，自尊心大受打击。

孩子有他自己的生活目标，父母的希望有时并不适用于孩子。不要用孩子来填补自己的挫折感，也不要用孩子的表现来弥补自己受损的自尊心，你应该让孩子表现他自己。

孩子不会刻意犯错，别把他当恶棍管教

许多父母经常苦恼，为何管教孩子完全没有任何成效，甚至出现反效果。很多时候，这些父母所犯的最大的管教错误是——忘记了他所管教的对象只是个孩子，而不是犯下滔天大罪的恶棍。

孩子犯错，要依情节轻重适度管教

当孩子犯错时，父母应该依情节轻重做出适度的管教。通常，情节的轻重可分成三种状况。

如果只是犯了一点点小错，只需口头提醒，无须严加斥责或处罚。例如，孩子在洗完手后，没有用毛巾或纸巾把手擦干净，而直接在身上抹干，这时只需稍加提醒即可。

若孩子犯了比较严重的错误，父母可以严肃告诫或给予面壁、罚坐等处罚。

但如果是明知故犯，而且犯下非常严重的错误时，父母就必须让孩子自行承担犯错的后果，暂时剥夺他的某些权利。例如，孩子跑到马路上玩儿、玩火等，此时父母就要给予严重的惩罚——禁足、不准和别的小朋友出去玩儿、不准去打球等。

同样的管教方式，每个孩子的反应却不同

其实，最令父母头痛的问题应该是，每个孩子对于同样的管教方式会有迥然不同的反应。

例如，你4岁儿子小华的同伴小明，有一次把玩具丢到马桶里，导致马桶堵塞。他的妈妈处罚他面壁思过半小时，小明站在墙角哭得稀里哗啦，妈妈认为儿子哭得这么悲惨，想必一定会接受教训。果然，从此之后，小明再也没有把玩具塞到马桶里。

但同样面壁思过的处罚方式，对于你的儿子小华来说，简直就像是另外一种游戏。每次被罚站在墙角时，他不是大

声唱歌，就是背对着你不停地问“为什么”，他的脑子从来没有一刻停下来过。

每当你要求儿子安静下来好好想想自己做错了什么，否则你就会延长处罚的时间时，儿子却依然故我，而每次处罚结束之后，他还是会犯同样的错误，直到你忍无可忍，实行更重的处罚——没收所有玩具三天——他才有所警惕。

有些孩子的个性敏感、自尊心强，一旦被大人处罚面壁思过，就会情绪激动、不断啜泣地向妈妈认错并保证“下次不敢了”，对于这样的孩子，父母只需轻声细语地告诫几句便可达到效果。但对于你的儿子小华，这种管教方式丝毫起不到作用，因此，你必须让孩子完全明了，当他犯错以后会出现什么后果。

别让饥饿和疲倦成为孩子犯错的理由

孩子犯错的原因有很多，而引发孩子犯错最常见的原因有两种：疲倦和饥饿。

当孩子因为体力透支而开始闹情绪的时候，父母最好别在这个时候还强硬地要求孩子听话、守规矩，例如，坚持孩子一定要把一地的玩具全部收到箱子或抽屉里。这样的做法不但解决不了问题，反而会使问题变得更为复杂。

这个时候，父母不需要问孩子累不累、想不想睡觉，因为孩子的答案永远都是“不想睡觉”，所以，要直接让孩子小睡一下。同样地，孩子如果是因为饥饿而闹脾气，那就要立刻给他食物。

父母必须注意，千万不能让饥饿和疲倦成为孩子犯错的理由，当孩子因疲倦而把玩具乱丢时，就先让他睡觉，等他睡醒后，再要求他收拾。同理，父母也不该因为不忍破坏孩子的好心情、好兴致，而任他胡作非为。

管教没有万灵丹，但是可以预测孩子的问题

在管教孩子的过程中，没有任何一种方法是万灵丹。同样的管教方法，对某些孩子完全无效，但是对其他的孩子却可能过于激烈。即使是同一个孩子，很多时候也会因为时间、环境的不同，而对同样的管教方式出现完全不同的反应。

其实，父母通常都可以准确预测出孩子的情绪变化，因此，当发现孩子即将情绪失控时，就先做预防动作，例如让他睡觉或吃东西，就可以避免他犯错了。

不过，人类终究是情感的动物，除了饥饿和疲倦之外，

也会因为要求得不到满足或其他原因而情绪失控。所以，父母管教孩子绝对不能凡事一板一眼，当你想要处罚孩子之前，要先查明孩子捣蛋的原因，以免在严厉地处罚之后，才发现他原来是因为发热而吵闹不休。

最后，父母还要评估自己管教孩子的方式是否有效，评估的方法是：观察孩子事后的表现，而非视孩子当场的反应而定。

如果孩子变得越来越循规蹈矩，那么就表示父母的管教有方；如果孩子变得畏缩或依然故我，父母就必须调整管教的方式。

彻底执行规矩，孩子才能学会保护自己

所谓“管教孩子”，最直接、简单的目的，说到底就是要让孩子了解如何保护自己的安全（不准碰刀子、玩火、自己过马路，别和陌生人说话），了解事情的轻重，以及拿捏行为的分寸（不可以把刀子往别人身上丢、不可推打同伴、不可抢同伴的玩具）。

孩子犯错时，如何管教才不会让他的身体受伤或心灵留下阴影？最适当且有效的方法有两种：一是罚坐或罚站，也就是处罚孩子单独安静地坐上或站立一段时间，若是四五岁的孩子就罚5分钟；二是让孩子明了并承担犯错的结果，例如，孩子故意把果汁洒到地板上时，就得负责把地板清理干净。

越坚定贯彻规矩，就越容易帮孩子养成好习惯

为了让管教达到成效，父母一定要贯彻自己的规矩。许多父母在教导孩子时，常会出现态度反复的情况。以教导孩子不可以触摸电源插座为例。当孩子把手指伸入插座孔时，你会紧张地立刻把孩子的手拿开；但是当孩子把头凑近插座，认真地研究起漆黑的插座孔时，你却觉得他的模样很可爱，赶紧拍照并上传到社交网站上。

这种标准模糊的管教方式，孩子是绝对不可能收到“警告”信息的。如果你在教导孩子时，无法贯彻执行自己订立的规矩，那么不妨暂时把电源插座用儿童安全插座护盖盖起来。

同样地，在遇到孩子闹情绪、耍赖撒野时，有些父母这次会马上屈服、满足孩子的要求，但下次却坚持到底。这种反复不定的态度，难怪孩子会养成侥幸的心态，动不动就大哭大闹，并认为只要自己不断地哭闹撒野，说不定就能让父母改变心意。

绝对不破例，孩子就会放弃测试父母的底线

父母在执行规矩的时候，意志若是越坚定，就越容易帮

孩子养成良好的习惯。但是，在现实生活中，大部分的父母都会不忍心对孩子如此严厉，也会因心疼而认为无须如此严苛。

严格要求孩子遵守规则，有时会令父母因内心的怜悯而狠不下心。如果偶尔破例一次并无大碍，但若长期如此，只会导致孩子对父母的要求视而不见。如果你实在没有把握做到严格执行规则，那么你只要遵循以下的原则，便可以做到。

- **必须等到彻底执行规则一段时间之后，父母才可以偶尔让孩子破例一次。**想要养成孩子遵守规则的好习惯，父母绝对不可以有反复不定的态度。

- **清楚地告诉孩子“这一次是破例”，并且解释破例的原因。**例如，因为他今天发热又拉肚子，所以可以破例一次让他在床上吃东西。

- **下次再面临孩子生病的情况时，父母一定要严格执行规定，不可再破例。**因为当孩子尝过破例的甜头之后，下次再生病时就会想要再拥有同样的特权，于是便会测试父母的底线，试试看这一次是否能再继续破例。因此，父母必须严守底线，绝对不可以让孩子养成破例的习惯。

父母越能贯彻自己订立的规矩，孩子就越能掌握自己应有的分寸，并了解父母对他们的期望。也许，在你开始想要确实执行规矩时，可能会遇到一些困难，因为孩子会不断地反抗，看看父母是否会改变心意，或者可以让步到什么程度。但是，只要父母能够坚持到底，那么日后在管教孩子时，就会变得越来越轻松，甚至，下次当孩子犯错时，你只需一个眼神，就能让他立刻收敛自己的行为了。

事先提醒，可磨炼孩子应付失望的能力

每个孩子都喜欢惊喜，例如，妈妈突然提早下班回家、爸爸无预期地送他一个他渴望很久的玩具、爸爸妈妈突然说星期六要带他去儿童乐园玩儿。但是，如果这些惊喜可能无法实现时，那么父母最好还是事前提醒一下孩子，好让孩子有个心理准备。

有时候计划赶不上变化。例如，星期六当天因为临时有重要的事情，以致搞到时间太晚不能去儿童乐园；孩子渴望很久的那个玩具不见了；妈妈因为必须加班，无法提早回家。

人生不如意事十之八九，虽然没有成功让孩子惊喜，但

换个角度来看，这种情况正好可以磨炼孩子应付失望的能力。不过，父母在对孩子宣布坏消息时，应该表现得更体贴一些，让孩子体会到温暖的亲情。

不要在毫无预警的情况下，突然把坏消息告诉孩子

父母应该表现“体贴”的意思是，不要在毫无预警的情况下，突然对期待惊喜的孩子宣布坏消息。

例如，当你准备离开儿童乐园时，最好提早10分钟提醒孩子：“再玩10分钟，然后就回家了。”如果你要带孩子去卖场，最好先明确地让他知道，你们今天去卖场的目的是买菜和肉，并没有买糖果和玩具的打算。你只是让孩子先有心理准备，所以无须多费唇舌，把目的交代清楚即可。

年纪越小的孩子，预告的时间要越短

对孩子提出预告，可以先从10分钟前开始。不过，3岁以下的孩子并不适用这个方法，因为他们对时间长短毫无概念，而且他们的注意力持续的时间也非常短暂，可能2分钟后就把你的话忘光了。

3岁以上的孩子，记忆力开始突飞猛进，一听到父母突然

宣布坏消息时，一定无法忘记这个坏消息，甚至会激烈抗议或大闹情绪。

年纪越小的孩子，预告的时间要越短。一般而言，父母在刚开始对孩子提出预告的时候，如果孩子只有一两岁，可以提早3分钟提醒他，3～5岁的孩子提早5分钟，5岁以上的孩子则可能需要10分钟的缓冲时间。

父母一旦对孩子做了预告之后，必须每一分钟倒数一次，以此不断地强化孩子的记忆，让孩子一次又一次地做好心理准备。当孩子有了充足的心理准备时，也许就不会那么心不甘情不愿地离开儿童乐园。长此以往，孩子会逐渐增强自制力，而不会每次都出现大哭大闹的画面。

不可养成凡事都事先提醒孩子的习惯

虽然事先提醒、预告，可以让孩子在面对失望时做好心理准备，但是也不要因此就养成凡事都事先提醒孩子的习惯。

大部分孩子的天性都是乐观的，如果一直保持这种正面且积极的态度，他们的无穷潜力将得以尽情发挥。但是，父母若是不断地给孩子传递负面信息，他们的人生观终究也会因此而受到负面影响。

例如，当孩子带着期盼的神情对你说：“这个周末爸爸一定会带我们出去玩儿。”即使丈夫有可能因为要出差而无法带孩子出去玩儿，这时你还是应该告诉孩子：“如果爸爸可以带我们全家出去玩儿，那就太好了。”千万不要残忍地对孩子说：“爸爸这个周末要出差，所以他可能没有办法带我们出去玩儿。”

不过，类似的话也只能偶尔为之，毕竟，父母如果总是残忍地告诉孩子现实的情况，长久之后，孩子很可能再也不愿做梦、幻想了。

漠视孩子的大呼小叫，他就会轻声细语

有些父母也许在教育孩子上极有耐心与韧性，总能幽默面对，即使孩子整天大呼小叫的，他们也不以为意，更不会因此而感到烦躁、情绪失控。

我相信大部分父母并没有这么好的脾气。不过，为了不让自己在管教的过程中，因孩子的吼叫而情绪失控，父母最好培养孩子轻声细语的好习惯。其原因很简单，当孩子大呼小叫时，父母难免会不耐烦，最后会忍无可忍地对孩子发脾气，然后便会出现这样的对话画面：

孩子：“妈妈……”

妈妈吼道：“干什么！”

当亲子关系陷入这样你来我往的吼叫画面时，不但有损父母的威严，更无法达到管教的效果，只是在浪费彼此的时间罢了。因此，父母必须想办法改变孩子大呼小叫的习惯。

对孩子的吼叫装聋作哑、充耳不闻

想要让孩子不再大吼大叫，愿意轻声与你说话的方法就是：当孩子大吼大叫的时候，你便假装没听到。

一旦孩子发现父母对自己的大呼小叫竟然完全没有任何反应时，他便会理解到，父母不喜欢他大吼大叫的讲话方式。然后父母便可以借由这个机会，简单明了地告诉孩子：“你这样乱吼乱叫的，我根本听不清楚你在说些什么。”

若孩子还是大呼小叫，父母可以再一次提醒孩子：“你这么大声，搞得我耳朵好痛，我听不到你在说什么。”

如果孩子又一次大吼大叫的话，你就改口说道：“我怎么都听不懂你在说些什么。你小声地说、慢慢地说，我一定听得懂的。”

当孩子的要求不断遭到父母拒绝时，他渐渐就会意识到用吼叫沟通是没有用的，慢慢地，就会养成轻声讲话的习惯，从此再也不会大呼小叫了。

不过，这个方法不是万灵丹。毕竟，每个孩子总有暴躁疲倦的时候，偶尔可以允许他大吼大叫、发泄情绪。父母只要牢记，你最主要的目的是——让孩子养成轻声说话的习惯。

孩子在公共场所闹脾气时，父母绝不可妥协

生活中，当孩子发脾气的时候，最让父母尴尬之处，倒不是孩子大哭大闹、无理取闹，而是在公共场所、大庭广众之下情绪失控。

年幼的孩子虽还未发展出理性，但他很快就会从经验中了解，在不方便又不恰当的时刻或地点大吵大闹，一定能够得到他想要的东西。由于在那个不方便又不恰当的时刻或地点，父母碍于尊严与面子，不敢在众目睽睽之下大声责骂或处罚孩子，使得孩子的大吵大闹计谋能够得逞。而这种情况也常常会令许多父母在管教时弄巧成拙，把整个情况弄得无法收拾。

孩子在公共场所耍赖时，该坚持原则或该妥协

当你要离开餐厅或卖场时，4岁的儿子对你说："妈妈，抱我。"你心不在焉地回答："停车场很近的，你可以自己走过去。"

没想到孩子竟一屁股坐在餐厅或卖场门口闹起脾气来，而你则后悔自己刚才不该拒绝孩子的要求。显然，孩子已经非常疲倦，而停车场也不远，如果刚才把孩子抱起来不就平安无事了吗？现在这样，该怎么办才好呢？如果跟孩子道歉并把他抱到停车场里，他会不会养成坏习惯，觉得只要闹脾气就可以得逞呢？

幼儿在公共场所情绪失控时，该如何处理呢？这几乎是所有父母的共同难题。当孩子踢你的脚，吵着要求买糖果或玩具时，很多父母都会刻意忽视、假装不知道，但很快地，他们就会发现这样的想法很难坚持到底。

有些父母的处理方法是：就让孩子去哭闹，闹够了自然就会停下来。但他们很快也会知道这招依然不管用，因为他们会碍于旁观者的批评声，最后只好对孩子屈服。

当你准备屈服时，必须先想好一个理由

你也许无法巧妙地解决孩子在公共场所闹脾气的行为，但是你一定要牢记，当你要回应孩子的任何要求之前，要养成先回答孩子“让我考虑一下”的习惯（有时候在大人考虑的时候，孩子已经忘记了自己的要求），或者在心里默数10秒，然后再回应。

当你遇到类似上述孩子不肯走到停车场的情况时，你可以等孩子发过脾气以后，让他自己哭哭啼啼地走到停车场，或者，你也可以假装误会孩子的意思，试着跟孩子解释：“你看，妈妈手上提着这么多东西，所以没有办法抱你。你要不要帮我拿一包东西，这样我就可以抱你了。”

不过父母要注意，这个方法对于幼儿也许管用，但是对于年纪较大的孩子来说，可就不一定能够瞒天过海轻易地混过去喽。

减缓孩子刻意捣蛋、作乱的3绝招

通常，当孩子发现自己的负面或叛逆行为竟然可以牵动父母的情绪反应时，他们会有一种成就感。正因如此，许多孩子总是喜欢用言语攻击父母，因为负面的行为一定可以成功地引起父母的注意。

例如，故意把汤匙丢在干净的地板上、故意把碗里的饭菜丢到地上或抛到空中，或者刻意把饮料打翻。这么做，除了想测试自己有多少能耐之外，也想看看父母对不同的行为会有什么反应。当看到你哈哈大笑或是眉头深锁的时候，孩子就会不由自主地产生一种胜利的快感。

尤其孩子到了三四岁时，特别喜欢捉弄大人或是故意捣蛋，这些行为都与父母的反应息息相关，父母的反应越激烈，他们就会越喜欢跟父母作对，调皮捣蛋的频率也就越高。

生活中，在父母全方位的照顾、管教之下，孩子能够主宰的事情便少之又少，而孩子为了证明自己的能力，当然就会千方百计地操纵大人。

通常，父母会态度严厉地不断警告或教训孩子，以遏止其捣蛋的行为。这个方法有时候确实可以让孩子乖乖听话。然而长期而言，这其实只能暂时压抑孩子，会让孩子认为自己输在权力不够大，等到自己权力比较大的时候，他就可以为所欲为了。

想减缓孩子刻意捣蛋、作乱，要尽量避免使用高压、强势的手段，不妨参考以下3种温和又有效的方式。

假装不知道或和孩子“鸡同鸭讲”

当孩子连续一个星期要求吃冰激凌，却一直无法如愿以偿，最后终于耐不住性子，生气地对着你大骂：“你这个小气的老太婆！”而且还气愤难消地一连骂了好几遍。这时，你该怎么回应？

你可以这样回答：“老太婆？在哪里啊，我怎么没有看到？”当孩子听见父母与自己“鸡同鸭讲”之后，激动的情绪通常就会减缓许多。不过，当然不是所有孩子都如此，有些还是会继续无理取闹，继续纠缠地说道：“笨蛋！”此时你可以继续装傻：“我昨天买的那盒蛋看起来是很笨，你想吃吗？等一下煎给你吃。”孩子可能会被你的幽默逗笑，不再继续捣蛋，并乖乖地吃你为他准备的餐点。

立场坚定且平静地重复同一句话

如果“鸡同鸭讲”仍然无法平复孩子极端恶劣的情绪，你就语气平静地直接对孩子说：“我们家不准讲脏话。”你的平静反应也许会令孩子大吃一惊，但他却未必会就此放弃，反而可能更大声地骂你“死老太婆”或“笨蛋”。当这种情况发生时，如果你动怒，那么你就输了。

这个时候，你更需要语气平静、立场坚定地再说一次：“我们家不准讲脏话。”当你就像唱片跳针一样，不断重复强调同一句话之后，孩子不但可以清楚了解你要传达的信息，最后多半也会放弃挑衅的行动。

装聋作哑、假装很无聊

如果孩子依旧与你纠缠不休，仍不停地喊你“笨蛋”“老太婆”，你该怎么办？对孩子而言，这样做会让他感到非常过瘾，因为他终于感觉到自己掌握了权力，终于可以把平时父母禁止他讲的话全都一吐为快。

面对这样的状况，你最有效的策略就是装聋作哑。你可以伸伸懒腰、打打哈欠、假装很无聊的样子或是装作若有所思的模样。这样的反应通常会让孩子觉得自己的举动很无趣。

“装聋作哑”这一招尤其适合在公共场所使用。当孩子在超市里不断地吵着：“我要买玩具！”“我要买饼干！”而且无论你如何解释都无法安抚其情绪时，你便假装完全没有听见孩子的要求，并继续推着手推车前进。

当孩子看到你不为所动、逐渐离去的背影之后，多半会无奈地放弃纠缠，快步追上你。不过，你可能只是得到片刻的宁静而已，因为几分钟后，他可能又对你说他想要吃冰激凌。

总之，你就是继续装聋作哑，直到孩子要求购买的东西合你意时，再回应他。如果孩子始终不肯罢休，你可以重复告诉他“不准买玩具”“不准买饼干”，然后态度坚定地反复告诉孩子同样的答案。只要你保持坚定的态度，孩子终究也无计可施。

情绪失控时，要给自己时间独处

孩子调皮捣蛋，有时是出于刻意，但是很多时候却是天真、无知或无心的。但不管是出于何种原因，有时候他们的行为真的会让你忍无可忍，如果此时你刚好非常疲惫或压力沉重，就很容易被他们的举止搞得情绪失控。

例如，你昨晚加班到半夜才回家，今早天才亮妻子就出门了，只好由你负责张罗孩子的早餐并送他们去上学。但是，两个孩子好像故意跟你作对似的，3岁的女儿吵着要上厕所，但却怎么都不肯使用她的便桶；5岁的儿子坚持要穿超人内裤，但是那条内裤还没洗。还有，两个孩子对于早餐特别挑剔，无论你耐着性子赔笑脸或板起脸孔命令他们，都没有用。眼看时间就快来不及了，两个孩子要上学的东西还没准备好，竟然还没事似的看着卡通影片。

清楚地让孩子知道，你必须离开一下来冷静情绪

当遇到类似的状况时，你不应该气急败坏，而要暂时先独处一下。你要清楚地告诉孩子，你现在情绪很糟糕，必须暂时离开一下，让自己冷静下来。然后，你回到房间把门关上，待在房里沉淀一下自己的情绪，直到心情恢复正常为止。

“关在房间里”，这对孩子是一种处罚方式，但是对情绪即将失控的大人，却是冷静自己的情绪、缓和紧张气氛的好方法。适时让自己的情绪冷静下来，最大的好处就是，可以避免在一时失去理智的情况下，做出令自己后悔万分的错误行为。

例如，有些父母会在情绪失控、忍无可忍的情况下，开始愤怒地咒骂孩子或是殴打孩子，结果导致孩子与自己的心灵从此留下难以磨灭的创伤。而且，如果父母在纠正孩子行为的过程中自己犯下错误，事后总会不断地自责内疚，如此反而会带给自己更大的压力。

适时独处、冷静情绪，以免事后遗憾

当你给自己一些时间独处、适时冷静情绪后，不但可以让自己及时避免情绪失控后的后悔与懊恼，同时孩子也将因此获益良多。当孩子亲眼看到你控制自己情绪的行为，观察你在愤怒的时候会回到房间冷静自己的情绪时，他们也会从你身上学习到自我情绪控制的技巧，他们会明白，当自己处于愤怒状态时，与其气急败坏地咒骂、乱丢东西泄愤，不如想办法让自己的情绪冷静下来。

同时，孩子也会因此而了解，自己原来并不是“坏”孩子，爸爸和妈妈也会有藏不住愤怒情绪的时候，只是父母不会像自己一样，气得拿食物去丢家里的小狗或小猫，而是懂得如何控制自己的情绪。

不过，“独处”这个方法并不是任何时候都适用，尤其当孩子的年纪还很小的时候。想想看，如果你2岁大的孩子看到你突然掉头离去，他的心里会有多么的害怕和恐惧。由于他才2岁，根本无法理解父母会被自己的行为惹得烦躁、失控，反而会以为父母是要抛弃他，所以感到莫名的恐惧。

如果你实在需要暂时离开年幼的孩子，以便平复自己的情绪，那么请务必记住，一定要先把孩子放在围栏中，以防发生意外。

父母暂时独处之后，孩子会变得比较听话

年幼的孩子在成长过程中，最大的学习与模仿对象就是父母。因此，若是父母老是情绪紧张、唠唠叨叨，孩子讲话时通常也会喜欢大呼小叫；喜欢发号施令的父母，他们的孩子通常也不会太有礼貌；而有幽默感的父母，也会教出风趣、好人缘的孩子。可见，父母若能适时转换自己的心情，相信孩子就不太会找你麻烦，让你失控。

如果你还是无法相信“适时独处、冷静情绪”的好处，那么有一个好处相信你应该会认同——在你暂时独处之后，你的孩子会变得比较听话。

当你离开一段时间，重新回到孩子身边之后，孩子通常会变得比较听话。特别是，如果你只是偶尔为之的话，必定会引起孩子的注意力与好奇心，想要知道妈妈刚才为什么要躲到房间里。

接着，你应该平静地向孩子解释为何你要暂时离开，然后再把你的要求告诉孩子，例如，不可以抢弟弟的玩具、不要把室内拖鞋穿到室外去、看电视时不要靠电视机太近、上

学要自己背书包等。

当你向孩子解释这些情况时，切记要保持轻松的语气，如此，相信孩子在看到你的情绪终于恢复正常以后，他们的心情也才能如释重负。

附录 儿童情绪管理Q&A

Q 当孩子闹情绪时，我该怎么办？

A 在面对你的要求时，孩子若是以闹脾气、大哭大叫的方式回应，你该如何处理呢？为了让孩子学会控制情绪，同时明白父母不会对他的“闹情绪”妥协，这个时候，你就要对孩子采取极具约束力的方法——命令或强迫他配合你。这个方法绝对可以大大地减少你与孩子之间的争执纠缠，同时也会降低亲子冲突的频率，让你不必每天被孩子搞得筋疲力尽。

Q 孩子频繁地出各种“怪招”，我该如何应对？

A 照顾年幼的孩子，原本就必须具备高度的耐心，且懂得和孩子周旋的方法。当孩子不断烦你的时候，千万不可因此而抓狂，否则便中了孩子的圈套，因为不断提出各种要求把你惹到火冒三丈，正是他的乐趣之一。如果你表现得平静、有耐心，孩子的一些恼人的习惯很快便会自然消失。

Q 生活中，我该如何把握照顾孩子的尺度，让他逐步获得自己的思考和行动能力呢？

A 举例来说，当孩子坚持自己穿衣服、穿鞋子或绑鞋带，却因为怎么都做不好而发脾气或向你求助时，你先别急着帮忙。可以鼓励孩子思考各种可能的选择，并协助他们评估这些选择的优缺点，他们就能够建立起自己的思考与判断模式。

Q 如何在孩子面前有效地树立权威？

A 如果你想在孩子面前树立权威，就不能任何事情都和孩子斤斤计较，若孩子的要求只是一些不重要的小事，你何不答应孩子的请求，让孩子拥有自我发挥的空间。只有在孩子的要求令你一时无法决定，不知道是否该答应孩子时，才婉转地告诉孩子："给我一点儿时间考虑一下。"

Q 如何恰当而有效地赞美孩子？

A 生活中，即使孩子没有明显的进步，父母也不应责备他，反而更需要赞美他——赞美他努力的态度，而不是他的成就——如此才能让孩子获得继续努力、挑战困难的勇气。

Q 当孩子努力地要把衣服的纽扣扣上，但奋战了老半天就是扣不上时，如何回应最能鼓励孩子面对困难呢？

A "再试试看，你一定可以扣上的"等类似说法。

Q 当孩子悲伤、沮丧的时候，父母应该怎么做？

A 父母要陪伴在孩子身旁，帮助他度过困境，等到事情结束，孩子的情绪恢复平静后，则要鼓励孩子："你真的很勇敢！""你表现得非常好！"

Q 当你对孩子说"不"之后，怎么做才能让孩子心悦诚服呢？

A 拒绝孩子之后，父母必须耐心、清楚地跟孩子解释其中的原因，才能避免孩子觉得父母过于专制。久而久之，孩子自然能够理解事情的严重性与因果关系，并逐渐培养出判断能力，慢慢地，他便会清楚什么事可以做、什么事不可以做。

Q 如何教导孩子认知自我情绪，并尊重他人感受？

A 在孩子成长的过程中，需要培养孩子有颗"善感的心"，可以随时察觉自己内心的情绪，并及时地修正或控制，避免对他人造成困扰或伤害。具体有以下4个步骤：

步骤一：了解并确认孩子的情绪。

步骤二：解释因果关系并拟订规则。

步骤三：对规则坚持到底。

步骤四：不要浪费唇舌和孩子讨论规则。

当孩子陷入麻烦或困境时，父母应如何正确应对？

具体做法见下表

父母应该做的事情	父母不应该做的事情
利用因果法则教导孩子	急着介入
利用引导法协助孩子自己找答案	让“如果……后果会……”的想象绑架了自己的理智
以同理心倾听孩子	让孩子觉得因挫折而难过是弱者的行为
	逼迫孩子处理超出其能力的问题

什么是“同理心倾听”？

所谓“同理心倾听”，是指不但要张开耳朵倾听孩子的故事，还要睁开眼睛观察孩子的肢体反应，看看孩子的面部表情和手势，是否双眉深锁、紧咬牙关或生气跺脚。从肢体语言可以看出孩子内心的感受，然后再以安抚、非批评的语言回应孩子，帮孩子认识自己的情绪。

父母该如何培养自己的耐心？

具体来说，有以下几个诀窍：

◎ 把出门前的准备时间增加1倍。

◎ 深呼吸，让自己冷静下来。

◎ 重点交代清楚后，就别再啰唆、唠叨。

◎ 承认自己耐心不足、修养不佳。

Q 父母工作忙碌，如何让孩子知道你爱他？

A 你必须珍惜、把握早晚能与孩子相聚的时光，让孩子知道你对他的爱。你不需要每个月或每几个月费时费力地带孩子去游乐园玩儿一趟，因为这永远都比不上你每天花一点点时间把注意力放在孩子身上更能让孩子体会到你对他的关心。

Q 父母如何给孩子订规矩才能发挥其最大效果？

A 规则不要订得太多，但必须公平明确、条理清楚、容易执行，让孩子可以轻易理解、记住与遵守。只要几条简单的规定，并且持之以恒地执行，年幼的孩子自然会渐渐明白规定的内涵，并将它们吸收、内化。

Q 生活中，父母该如何严格执行规则？

A 基本的原则如下：

◎ 必须等到彻底执行规则一段时间之后，父母才可以偶尔让孩子破例一次。

◎ 清楚地告诉孩子“这一次是破例”，并且解释破例的原因。

◎ 下次再面临孩子生病的情况时，父母一定要严格执行规定，不可再破例。

Q 如何减少孩子故意捣蛋的行为？

A 父母要尽量避免使用高压、强势的手段，不妨参考以下几种温和又有效的方式：

◎ 假装不知道或和孩子“鸡同鸭讲”。

◎ 立场坚定且平静地重复同一句话。

◎ 装聋作哑、假装很无聊。

Q 生活中，父母如何给孩子示范正确的情绪管理方法？

A 当你给自己一些时间独处、适时冷静情绪后，不但可以让自己及时避免情绪失控后的后悔与懊恼，同时孩子也将因此获益良多。当孩子亲眼看到你控制自己情绪的行为，观察你在愤怒的时候会回到房间冷静自己的情绪时，他们也会从你身上学习到自我情绪控制的技巧，他们会明白，当自己处于愤怒状态时，与其气急败坏地咒骂、乱丢东西泄愤，不如想办法让自己的情绪冷静下来。